激发孩子的内驱力

付立平◎著

江苏凤凰文艺出版社
JIANGSU PHOENIX LITERATURE AND ART PUBLISHING

图书在版编目（CIP）数据

激发孩子的内驱力 / 付立平著. -- 南京：江苏凤凰文艺出版社, 2022.1（2022.7重印）
ISBN 978-7-5594-5291-7

Ⅰ. ①激… Ⅱ. ①付… Ⅲ. ①阅读－儿童教育－家庭教育 Ⅳ. ①G781

中国版本图书馆CIP数据核字(2021)第227759号

激发孩子的内驱力

付立平 著

责任编辑 周颖若
特约编辑 吕新月
策划编辑 王 迎 薛纪雨
出版发行 江苏凤凰文艺出版社
南京市中央路 165 号，邮编：210009
网 址 http://www.jswenyi.com
印 刷 三河市宏图印务有限公司
开 本 880 毫米 ×1230 毫米 1/32
印 张 8.75
字 数 145 千字
版 次 2022 年 1 月第 1 版
印 次 2022 年 7 月第 3 次印刷
书 号 ISBN 978-7-5594-5291-7
定 价 58.00 元

—————— 前言

找回初心，做“不焦虑家长”

20年前我刚大学毕业，在一家月发行量过百万的中学生杂志社工作，负责一个名叫“安琪信箱”的心理咨询专栏，我每天收到很多信，有来自中学生的，也有来自家长的，每次看着放在办公桌旁边的纸箱，就好像看到了孩子们内心的困惑和焦虑，看到了家长和孩子之间隔着的那道鸿沟。

孩子抱怨家长的专制和不理解，家长控诉孩子的叛逆、厌学和难沟通。这些进入青春期的孩子和家长之间硝烟弥漫，但孩子们出现的种种问题，归根结底都是亲子关系处理不当引起的。

有一个小女孩让我印象特别深刻，当时她在读初中。她投稿的文章文笔非常好，立意角度也让人赞叹。有一次我们组织读者夏令营，我邀请她来参加，但是她的老师告诉我，小女孩觉得自己不行，不敢来。后来我听老师说，她离开学校去南方打工了，和一个比她大将近10岁的男孩一起。

这件事情一直让我感到非常惋惜。老师说这个女孩的妈妈特别严苛，对孩子的期望很高，生活中对她批评和否定的时候多，所以这个女孩的内心极度敏感脆弱，自我价值感特别低。

女孩的妈妈可能不明白，为什么自己一切都是为了孩子好，最终的结果却与自己的愿望背道而驰？

是的，父母的初心都是爱孩子，可在养育孩子的过程中，我们的耐心被消磨，我们的权威被挑战，我们忍不住开始对孩子大吼大叫。我们逐渐背离了自己原本想成为的模样。

在生活中、讲座上、微信里，有很多父母向我讲述养育困惑，询问我是否有养育绝招。

如果非要说养育绝招，我想在陪伴儿女成长的过程中，除了爱与尊重，就是尽可能给予孩子自由的成长空间，激发孩子的内在动力。

我女儿今年刚14岁，是一个初中生。她喜欢阅读，文学、历史、天文、地理、科普、传统文化，都是她的阅读方向；她很喜欢表达，有自己的主张和独立思辨力；她非常自主，从一年级开始每学期都会有自己的学习和日常生活时间表，并且能够很好地执行。我们基本上不会管她的学习，因为那是她自己的事情。她是个自信乐观的孩子，和同学老师之间相处很愉快。

作为妈妈，我只是她成长路上的陪伴者。

在孩子小的时候，我们希望他乖巧听话、服从管教，可是在孩子长大后，我们却期待他成为有主见、会独立思考的孩子，这个要求可能实现吗？答案不言而喻。

我的上一本书讲的是“给孩子的五顶学习帽”，帮助家长去激发孩子的自主学习力。而在这本书里，我更希望和家长朋友一起，激发孩子的内驱力，助力孩子作为独立个体全面发展，帮助他们在未来成为一个幸福的、成熟独立的“社会人”。那么，我们该怎么养育孩子，怎么全面引导和培养出孩子面向未来的能力和品格呢？

我的答案是“正面管教”，激发孩子的“内驱力”。

2012 年，我在一个家庭教育网站担任执行副总裁，致力于为中国家庭提供专业的育儿帮助。我用了近一年时间比较国际和国内各大主流家庭教育课程，发现其实所有课程的内核都是相通的，都是以尊重儿童发展为核心。最终我选择了正面管教，因为这个体系当时最打动我的，是对于尊重的阐释，要尊重孩子、尊重自己、尊重具体情形。

更令人欣喜的是，正面管教倡导不惩罚、不骄纵的养育方式，关注孩子长期发展。它提供了切实可行的工具和方法，每个方法背后又有教育理论和心理学理论作为依据。这些工具和方法实用又有效，在全世界范围内帮助了数以百万计的父母和孩子成为更好的自己。

在这本书中，我会从沟通协作力、理解共情力、学习自控力、自悟自省力和幸福觉察力这五个方向，就育儿生活中遇到的具体问题跟大家探讨，通过不同育儿场景的呈现，不断地回顾我们原有的想法、做法，去审视我们想要的目标是不是能通过我们的养育方法达到。这五个方向，也恰恰是形成自驱力的关键要素。

同时我会深度剖析每个问题背后父母的教育理念和孩子发展的特点，让我们理解孩子也认识自己，在尊重的环境中和符合客观规律的前提下去看待我们遇到的育儿难题。

最后我会运用正面管教工具去寻找解决问题的方法，将这些工具应用到现实的生活当中，帮助家长和孩子共同成长。

从养育挑战，到教育理念，再到切实可用的育儿工具，这本书除了是实用的构建亲子关系的枕边书，更是指导我们自我成长的导航书，当你通过学习改变了自己，你会发现你与这个世界能和谐相处，而你的孩子，将会成长为更独立自主、更有学习热情、更有自我成长力量的孩子。

一个人走得快，一群人才能走得远，在成为更好的家长这条路上，我希望和你一起同行。我相信，这本书会让每位家长找回初心，成为“不焦虑家长”。①

最后，我想对很多人表示感谢！感谢简·尼尔森博士，她让我学到了如何通过正面管教帮助家长不惩罚、不娇纵地养育孩子；感谢张宏武老师，我们的结缘始于十年前我的一通冒昧的电话，她为我和简·尼尔森博士搭起了沟通的桥梁，从此我们一起成为了正面管教的同行者；感谢付卓言老师，专业且细致地帮我整理了这本书稿中的案例素材和方法；感谢我的女儿沐瞳，本书中的插图是她在 11 岁时为我的正面管教音频课创作的，图片均从儿童视角出发，展示了孩子的内心世界，现在她已经 14 岁了，是一个“自我成长型”的孩子；感谢所有为本书出版付出努力的策划、编辑、设计和营销老师，感谢每一位帮助推荐和给予肯定的朋友，感谢所有参与学习的家长们！

付立平

2021 年 12 月

---

① 书中使用到的正面管教工具，来自《正面管教工具卡——提高家庭教育技能的 52 张卡片》，作者是简·尼尔森、艾德里安·加西亚。

图 / 李付沐曈（于 11 岁作）

成人把自己看作判断儿童善恶的标准，充当儿童缔造者的角色，所以才会误解儿童。

图 / 李付沐曈（于 11 岁作）

“争对错”的结果是重复错误，让冲突越来越激烈，让问题越来越严重。

上方卡

测一测你是什么类型的家长

很多人都爱做测试，因为测试可以帮助我们通过总结、梳理，看到自己从来没有察觉过的一面。

在正面管教家长课中，有这么一个有意思的小测试，叫作上方卡[①]，这个小测试可以帮助我们了解自己是什么类型的人，在面对孩子的时候，又会是什么类型的家长，这类型的家长有什么特点，有什么行为模式……

测试题

情景：“叮咚叮咚”，门铃响了。你打开门，门口站着快递员，手里拿着送给你的四个包裹。这四个包裹分别是：

A. 无意义和不重要　　B. 批评和屈辱

C. 拒绝和打扰　　D. 压力和痛苦

① 上方卡测试设计者为简·尼尔森和艾德里安·加西亚。

你问快递员："我可以不签收吗？"快递员态度很好地回答："你只能选择退回一个，其他三个必须收下。"你最想退回哪一个呢？

这就是正面管教家长课中的上方卡测试。在做这个选择的时候，我们需要知道几点：①根据你内心的真实感受来选择；②你的任何选择都没有对与错，没有好与坏。

那么，答案是什么呢？

答案

A. 选择退回"无意义和不重要"的你，是力争优秀型家长。如果用一种动物来形容你的话，是狮子。

我见过一个特别优秀的爸爸，不管是工作还是生活，他都严格要求自己。他希望孩子也能像他一样，对自己要求严格。这位爸爸回家后习惯做的事就是质问孩子："为什么老师说你中午没睡觉？为什么别人能考 100，你考 99，丢掉的那 1 分哪里去了……"从他进门开始，孩子就哭丧着一张小脸。

对这个爸爸来说，让孩子正确，比孩子的感受重要，也因此，父子俩几乎没有共同话题。当爸爸不在家的时候，孩子才能感觉不那么压抑。事实上，孩子的表现反而离优秀越来越远，因为他把很多能量都消耗在应对爸爸的高标准严要求上。

狮子型家长的优点：不管生活还是工作，都很努力、很上进，给孩子做表率。

狮子型家长的缺点：对孩子期望高，以特别高的标准要求孩子，容易给孩子压力。

建议狮子型的家长：放弃自己对“正确”的需要，走进孩子的世界，理解孩子的感受，支持孩子内在的成长。

B. 选择退回“批评和屈辱”的你，是控制型家长。如果用一种动物来形容你的话，是老鹰。

我女儿上小学时班上有个小男孩，她说那位同学是个性格特别好的人，但是有一阵儿，这位同学总说自己很累，在家里感觉很累，在学校也感觉很累，因为不管是谁要求他做什么，他都要立刻答应，然后脸上露出笑容。

女儿问：“如果你不这样做会怎么样？”他说不知道，他不敢不做。有一次，女儿和几位同学一起去他家玩，回来后跟我说，他爸爸妈妈太严厉了，从进门开始，就事无巨细要求他、纠正他。吃饭的时候先伸了筷子，不可以；坐凳子的时候，屁股歪到一边了，不可以；倒水的时候动作不标准，不可以；还有写作业握笔的姿势，弹钢琴时手掌弓起的高度……小朋友们都感觉特别紧张压抑。

很多父母觉得孩子什么事情都做不好，总是事无巨细都要按照自己要求的来，这样对孩子的成长其实是很不利的，可能引起孩子和身边人的反抗，也可能让孩子成为讨好者。

老鹰型家长的优点：有领导能力，尊重规则。

老鹰型家长的缺点：僵化，爱控制。

建议老鹰型的家长：逐渐学会放手，把聚焦点从孩子身上挪开，信任孩子有做好一件事的能力，给孩子自主做力所能及的事情的机会。

C. 选择退回“拒绝和打扰”的你，是取悦型家长。如果用一种动物来形容你的话，是变色龙。

盈盈妈妈是出了名的好脾气妈妈，不管盈盈做什么，都好言好语顺着。孩子看电视时，她用央求的语气跟孩子商量：“宝贝，看完这集就不看了好吗？”孩子答应：“好。”一集看完了，却见她继续央求：“宝贝，现在可以关掉了吗？”孩子说：“看完这集，看完这集就不看了。”

她说，看得最长的一次，孩子抱着平板电脑看到了半夜2点。

因为过度使用手机和平板电脑，孩子开始频繁眨眼。家人都怪她太纵容孩子，她说：“又不能打又不能骂，我能怎么办？我也很委屈啊！”

很多家长在自己的成长过程中，因为个人意志大部分时候不被尊重，所以，当有了孩子后，一方面由于多年来的习惯，形成了别人的要求都很重要、自己的感受不重要的认知；另一方面，会觉得自己没有得到的想弥补在孩子身上。因此，即使违背自己的意愿，也会选择顺从孩子。但长时间压抑自我感受，可能会在某天爆发出来。

变色龙型家长的优点：友善、体贴、谦和。

变色龙型家长的缺点：没有自己的立场，过于顺从孩子。

建议变色龙型的家长：学会真诚表达自己的情绪，和孩子一起解决问题。你的感受和孩子的感受同样重要。

D. 选择退回“压力和痛苦”的你，是安逸型家长。如果用一种动物来形容你的话，是乌龟。

小鸽子跟妈妈说：“我想先看电视再写作业！”妈妈说：“好的。”小鸽子说：“我今天晚上要打三局游戏，明天早上再起来写作业。”妈妈说：“没问题。”刚开始一次两次，似乎还不那么难对付，可是等到后面，小鸽子越来越没有规矩，妈妈开始着急了。

我们都喜欢自由，但自由是建立在一定规则之上的。没有规矩，也就没有自由。

乌龟型家长的优点：随和、行为可预测。

乌龟型家长的缺点：总是娇纵孩子、趋于安逸。

建议乌龟型的家长：设立目标，跟孩子一起制订日常计划，并且态度和善、行为坚定地陪孩子执行。

当然，这个测试结果并不绝对，每个人身上或多或少会有多个类型的特点，而结果也不是一成不变的，在某个阶段，你可能是其中一种类型，但经历了某些事情后，你的身心都发生了改变，你可能会选择另一个答案。测试的结果，只是你的主要取向。

所以在得到测试结果时，不要给自己贴标签、下定义，你只需要通过这个小测试来了解自己的感受和特点就好了。

目 录

第一章
沟通协作力，
保持良好亲子关系的秘诀

第二章
理解共情力，
化困境为机遇的力量

第三章
学习自控力，孩子未来的助力器

第四章
自悟自省力，让孩子受益一生

第五章
幸福觉察力，人生成功的重要衡量指标

附 录
困扰“10 万 +”家长的问题（Q&A）

第一章

沟通协作力，保持良好亲子关系的秘诀

1.1

你想要听话的孩子，还是真实有力量的孩子？

家长可以说是这个世界上最富挑战的职业了，大部分家长都身兼育婴师、营养师、医护师、家庭教师、保姆等多项职业。

如果你运气好，生了个不用操心的孩子，那么恭喜你。如果你生了一个或两个顽皮的孩子，来，拥抱一下，同时也要恭喜你，因为你有了一个千载难逢的机会，去学习如何成为更好的自己，修炼成真正的“超能爸爸妈妈”。

养育孩子不像使用家用电器一样有说明书，在养育孩子的路上，我们常常因为不了解而分外焦虑。

所谓知己知彼，我们只有了解自己的孩子，并了解自己的养育方式，才能迎接生活中顽皮的孩子给我们带来的诸多挑战。

第一现场 · 遇到挑战

7 岁的果果放学回家，看到自己养的小白兔死了，难过极了，丢下书包就开始大哭，怪爷爷奶奶没有照顾好小白兔。

爷爷奶奶赶紧说，一定会给果果买一只一模一样的小白兔。

爸爸也安慰果果，让她别哭了，周末带她去动物园玩。

可是越安慰这孩子越来劲，果果妈妈生气了，劈头盖脸一顿责备："你都多大了，一直哭不知道害臊吗？不要哭了，别没完没了，烦死了！"

然而，果果哭得更凶了。

通常我们会这样做

· 责备孩子："你还有完没完？""你到底想要怎样？""别哭了，再哭爸爸妈妈就生气了。"

· 如果孩子仍然不妥协，会选择惩罚孩子，逼着孩子屈服。

· 冷处理，随便孩子哭闹，当作没看见。

孩子在想什么

· "我很难过，让我发泄一下情绪。"

· "我很难过，我希望得到一个拥抱。"

情绪暂停·从行为到感受，真正理解孩子

孩子哭闹不止，哄不听，骂不行……育儿中的挑战常常让我们看起来狼狈不堪，但这并不是我们的错。因为在传统教育里，“感受”这个词似乎并不经常被提起，我们小时候很少会被大人问：“你的感受是什么？”“你高兴吗，生气吗，委屈吗？”……

身边的人都喜欢关注孩子的行为和成果：你应该考第一名，你不应该哭，做事要利索一点，今天晚上必须完成所有的学习任务……

这些语言听起来更像是命令，说这些话的爸爸妈妈要求的是孩子按照他们的意愿去达到某个结果，从来没有在意听到这些话的孩子会怎样想。

像果果妈妈遇到的这种事情，我们可能也碰到过，孩子因为养的小宠物死了或者心爱的玩具丢了，伤心地哭起来，我们会跟孩子说：“听话，不要哭了。”“妈妈再给你买个一模一样的好吗？”……但是不管怎么说，孩子依旧不管不顾地哭，甚至越哭越伤心。

这个时候，我们难免会变得不耐烦：“这也不行，那也不行，你到底想要怎么样？”

我们一直试图去解决孩子“哭泣”这个问题，可这个问题总也得不到解决，为什么呢？

因为我们没有注意到孩子此时此刻的感受，他的感受没有被理解和接纳。

只有孩子这种难过和伤心的情绪被允许时，他才能感觉到自己被父母理解和接纳，他的感受才会逐渐变好，而负面情绪自然也就流走了。

所以，当孩子有负面感受时，要试着跟孩子共情，鼓励他说出来，而不是试图劝阻他放弃这种感受。只有当孩子内心的感受被理解和释放时，他才会生活得更加真实有力量。

TIPS：为什么我理解孩子的感受了，也跟孩子共情了，孩子却不买账？

有的父母可能会有疑问：我按照书上写的，理解孩子了，也跟他共情了，可是他还是哭个没完，我该怎么办？在孩子哭泣时，我第一句话就是跟他说："我理解你，也知道你很难过，但是……"

问题就出在"但是"上，当你这样说的时候，你内心并不是真的在理解和共情，而是把理解和共情当作快速控制孩子的工具，目标仍然是要孩子听你的话，停止那些让你不愉悦的行为。

真正的理解和共情是站在孩子的角度，去体会孩子此刻的感受，接纳孩子此刻的所有情绪。

可以尝试的方法

先来做个小游戏。拿出一张纸，依次写出孩子在生活中带给你的挑战：爱哭、抱怨、顶嘴、不听话、打架、欺骗、发脾气、缺乏积极性、不想做作业、赖床、晚睡……

看起来全是问题对吗？现在，请你闭上眼睛，充分发挥你的想象力，憧憬一下，你穿越时光隧道，来到了20年之后，某一天，已经长大成人的孩子回家来看你，伴随着敲门声，你的孩子出现了，此时你希望孩子身上已经具备了什么样的品格和技能呢？

写下第一时间出现在你脑海中的词语：阳光、快乐、有责任心、干练、沟通能力强、有主见、有自己的思想、学习能力强、有领导力……

比起第一张纸上写的挑战，这张纸上写的是不是全都是美好与正向的词语？这些美好与正向的词语就是孩子未来要具备的品格和社会生活技能。

对比这两张纸上列的清单，你会发现，你面临的现实挑战其实有可能是通往未来孩子具备的品格与技能的必经之路。

现在爱哭的孩子，未来可能更有情绪控制能力；跟你顶嘴的孩子，未来可能有主见；现在爱发脾气的孩子，未来可能不妥协、有原则；现在做事缺乏积极性的孩子，未来可能沉着冷静……但是，从挑战到形成品格与技能，这中间最重要的是你的养育方式。

比如前面我们说到的果果，当她哭个不停的时候，爸爸妈妈的挑战就来了。

闭上眼睛想一想，当你的孩子 20 岁的时候，你希望他做一个为了周围人开心而把委屈藏在自己心里的人，还是做一个会照顾自己情绪并且有良好情绪处理能力的呢？

如果你期待的是一个有良好情绪处理能力的孩子，那么此刻，你的着眼点就变成了：我应该怎么做，我的孩子才会知道如何跟自己的情绪好好相处？

这时候，果果妈妈可以对孩子说："小兔子死了，我知道你现在很难过，我也和你一样伤心。""如果哭一会儿能让你感觉好受一些，我可以陪着你，或者你希望我抱着你吗？"当孩子的情绪被接纳，他的感受慢慢好起来之后，我们再来和孩子一起寻找解决问题的办法。

当我们这样做的时候，挑战就变成了通往期待的桥梁。

预防问题的发生

1. 共情。平时在孩子表达情绪的时候，不要急着去阻止或者改变孩子的情绪状态，情绪没有好坏对错。接纳并认同，会让孩子明白所有的情绪都是被允许的，是正常的。

2. 积极暂停。提前和孩子建立情绪暂停角，选择家里的任何地方，让孩子自己命名并布置一些自己喜欢的东西。当孩子情绪感受不好时，可以提醒他去自己的情绪暂停角，直到他感觉好起来。（切记不要把情绪的积极暂停当作惩罚的方式哟！）对爸爸妈妈来说，积极暂停也非常重要。

孩子能够学到什么？

自己是被父母完全接纳的，可以充分表达自己的内在感受和情绪，这会让他们的内心充满安全感，这种安全感会让孩子更有成长的力量。

名词解释

积极暂停：在即将发怒的当下，对自己的行为有所察觉，并试图找到让自己能够最快冷静下来的方式，比如洗冷水脸、深呼吸、暂时离开冲突现场、听音乐等。

1.2

沟通有方，破解孩子不当行为背后的密码

我们在和孩子朝夕相处的日子里有很多的美好回忆，但一定也经历过很多崩溃和困惑：

为什么孩子总喜欢粘着你，一刻也不肯离开？

为什么孩子总喜欢跟你顶嘴？

为什么孩子拒绝跟你沟通？

为什么孩子动不动就发脾气，一言不合就跟你对着干？

作为父母，我们在面对孩子的种种错误行为时，想要的可能是一个拿来就可以解决问题的标准答案，但遗憾的是，一次次试验之后，我们发现，没有一个标准答案可以解决所有看起来相同的育儿难题。

为什么呢？因为孩子们这些看上去不可理解的行为其实

背后都有真正的动机。我们只有看到孩子行为背后的动机，才能破解孩子不当行为背后的密码。

第一现场·遇到挑战

周末临时加班，豆豆妈妈差点睡过点儿，眼看要迟到了，正着急忙慌化妆，5岁的豆豆拿着玩具过来说：“妈妈，陪我拼乐高。”

豆豆妈妈：“去找你爸爸拼吧，妈妈没时间。”豆豆爸爸听见了，跟豆豆说：“你把乐高拿过来，爸爸给你拼。”可豆豆却莫名其妙发脾气了：“我就要妈妈拼。”

豆豆妈妈试着跟豆豆共情：“妈妈知道你很想要我给你拼这个积木，可是妈妈不会啊。”

豆豆脾气更大了，一边大声哭闹着“我就要你拼，你快点给我拼”，一边拿手打妈妈。妈妈又气又急，拽着豆豆的胳膊狠狠甩开他，并冲他大吼：“别闹了，烦死了！妈妈很忙你不知道啊？”

豆豆一个愣神后，开始在地上打着滚哭了。

通常我们会这样做

· 不耐烦地推开孩子：“没看到我正忙着吗？”

·假装共情：“妈妈知道你想……但是……”而真实的目的是试图控制孩子：“你别闹了！”

·发怒：“这也不行那也不行，你到底要怎样？”

孩子在想什么

·“你不关注我，我不是重要的，我不被你所爱。”

·“我想要你关注我，求求你看到我吧。”

情绪暂停·你看见孩子行为背后的真正目的了吗？

有时候被孩子烦到不行，真的很想冲他大吼甚至想要打他一顿，但同时，我们又会为自己有这样的想法自责不已，觉得自己是个不合格的家长。

其实，孩子每一个不当行为背后，都隐藏着他没有被满足的诉求，这个没被满足的诉求，才是孩子不当行为背后的真正动机。

美国儿童心理学家鲁道夫·德雷克斯认为，孩子不会去做没有目的和回报的事情，他们的吵闹、对抗、叛逆好像是随机而起的，但其实都是为了达到某种目的。

豆豆的哭闹表面看是想要有人陪他玩乐高，但真实目的肯定不是如此。当然，作为一个 5 岁的孩子，豆豆自己也没有能力表达出自己的真实目的。同时，妈妈也没办法辨别豆豆的真实目的是什么，所以妈妈只能根据豆豆表面的行为来判断豆豆的需求并给予他回应。

这种情况无异于头痛医头、脚痛医脚。我们可以看到，真实需求没有被关注和满足的豆豆，不但没有停止问题行为，反而愈来愈过分。

站在家长的角度，很自然会认为眼前的这个孩子就是在无理取闹。

可以尝试的方法

前文说到，孩子的任何不当行为其实都是因为有未被满足的需求。我们只有透过孩子表面的行为，看到孩子内心真正的需求，并且引导孩子通过正当行为满足他的需求，这些不当行为才会消失。

个体心理学家阿德勒认为，孩子所有的不当行为，都是因为这四个目的：

1. 寻求过度关注。
2. 寻求权力。
3. 报复。
4. 自暴自弃。

我们在第一现场中呈现的，其实就是孩子在“寻求过度关注”。

豆豆想要妈妈的关注和陪伴，但是他还不太会用语言表达出来，所以他会要求妈妈给自己拼乐高，事实上，拼乐高不是他的真实目的，让妈妈陪伴才是他的真实目的，也因此他对爸爸说可以帮助他拼乐高无动于衷。

我们需要注意的是，同样一件事情，孩子的目的并不总是相同的。

举个例子，同样是写作业磨磨蹭蹭，有的孩子过一会儿就搞点小名堂，让父母烦心不已，他的目的是寻求关注。

有的孩子磨磨蹭蹭，当父母催促的时候，他会说“为什么要今天晚上写完，明天不是周末吗？”这就不是寻求关注了，是孩子在跟父母寻求权力。

还有的孩子故意写作业磨蹭，就等着父母来催，然后他就能找个借口跟父母对着干。为什么呢？他的深层目的其实是报复。“因为你伤害了我，所以我不会让你好过。”

但也有的孩子写作业磨蹭，是因为他真的不会，这个时候，他其实是在自暴自弃。

识别出孩子的错误目的很重要，因为对于孩子的不同目的，我们的有效应对方式其实是不一样的。

如果一个不会写作业的孩子，他都灰心到自暴自弃了，但爸爸妈妈还在指责抱怨他态度不好，那么，孩子会觉得自已一无是处，而父母也会觉得绝望。

那怎样识别孩子的错误目的呢？在正面管教家长课中，有个特别管用的工具，叫作“错误行为目的表”，可以说几乎 90% 的错误行为，都可以在这张表上找到答案。

表 1　错误行为目的表[①]

孩子的目的	家长或老师的感觉	家长或老师想采取的行动	孩子的回应	孩子行为背后的信念	密码信息和家长或老师主动的鼓励性的回应
寻求过度关注。操纵别人为自己奔忙或得到特别服务。	心烦；愤怒；着急；愧疚。	提醒；哄劝；替孩子做他自己已经会做的事情。	暂停片刻，但很快又回到老样子，或换成另一种打扰人的行为；当进行一对一关注时，错误行为停止。	唯有得到特别关注或特别服务时，我才有归属感；唯有让你们为我团团转时，我才是最重要的。	**请看看我吧，让我体现出自己的存在和价值吧。**通过让孩子参与一个有用的任务，转变孩子的行为。擅用“我爱你，而且……”（例如，我在乎你，等会儿会花时间陪你）句式，安排特别时光，建立日常惯例。花时间训练孩子，召开家庭会议或班会，默默地爱抚孩子，设定些无需表达的暗号。

① 错误行为目的表来自《正面管教家长培训师指南》，作者是琳·洛特、简·尼尔森。

（续表）

孩子的目的	家长或老师的感觉	家长或老师想采取的行动	孩子的回应	孩子行为背后的信念	密码信息和家长或老师主动的鼓励性的回应
寻求权力。 我说了算。	被激怒； 受到了挑战； 受到了威胁； 被击败。	应战； 投降； 心想“你休想逃脱”或“瞧我怎么收拾你”； 希望自己正确。	变本加厉； 屈从而内心不服气； 看家长或老师生气而觉得自己赢了； 消极对抗。	唯有当我来主导或控制，或证明没有谁能主导得了我的时候，我才有归属感。 “你制服不了我”。	**让我帮忙吧，给我选择的权利。** 承认你不会强迫孩子，并请求孩子帮助。既不要开战也不要投降，而是撤离冲突，让自己冷静下来，坚定而和善。 不说，只做，决定你该做什么，让日常惯例说了算。 培养相互的尊重，给予有限度的选择。在设立一些合理的限制时得到孩子的帮助。 坚持到底，鼓励、引导孩子，把权力用在积极的方面。 召开家庭会议或班会。
报复。 以牙还牙。	伤害； 失望； 难以置信； 憎恶。	反击； 以牙还牙； 心想“你怎么能这样对我？”	反击； 伤害别人； 毁坏东西； 以牙还牙； 行为升级，或换另一种武器。	我没有归属感，受到伤害就要以牙还牙，反正没人疼爱我。	**请帮帮我，我受伤了，请承认我的感受吧。** 处理受伤的感受：“你的行为告诉我，你一定觉得受到了伤害。能和我谈谈吗？”避免惩罚和还击。 反射式倾听，做出弥补，鼓励其长处。召开家庭会议或班会。

（续表）

孩子的目的	家长或老师的感觉	家长或老师想采取的行动	孩子的回应	孩子行为背后的信念	密码信息和家长或老师主动的鼓励性的回应
自暴自弃（自认为能力不足）。放弃，且不愿意别人介入。	绝望；无望；无助；无能为力。	放弃；替孩子做；过度帮助。	更加退避；消极；毫无改进；毫无响应。	我不相信我能有所归属，我要让别人知道不能对我给予任何希望。我无助且无能；既然我怎么都做不好，努力也没用。	**别放弃我，让我看到一点点进步吧。**表达对孩子的信任。小步前进，停止批评。鼓励任何一点点积极努力。关注孩子的优点。不要怜悯。设置成功的机会。教给孩子技能，示范该怎么做。真心喜欢这孩子。以孩子的兴趣为基础。鼓励、鼓励、鼓励。召开家庭会议或班会。

在错误行为目的表中，有两个线索可以帮助我们迅速判断孩子错误行为背后的目的，同时给我们提供了解决办法。

第一线索：当孩子出现不当行为时，我们可以问问自己现在是什么感受，是感觉到害怕了、受伤害了、被击败了，还是什么其他的感受？然后我们可以从错误目的表里面去找跟自己现在的感受对应的词，那里会指向孩子行为的目的。

第二线索：当我们要求孩子停止这种不当行为时，孩子的反应是暂时停止接着又继续重复这一行为，还是变本加厉，又或者完全消极毫无改进？我们也可以从错误目的表里找到孩子行为那一栏，找到相对应的反应，那里也会指向孩子行为的目的。

这些线索能帮助我们解密孩子的问题行为，让我们知道孩子的行为真正想要表达的是什么。

回到我们的第一现场——豆豆妈妈遇到的挑战。

当孩子不停缠着妈妈，而妈妈又急着出门时，豆豆妈妈说："别闹了，烦死了！"此刻，豆豆妈妈的感受是"烦恼"，我们从错误目的表里面去找跟烦恼这种感受对应的词，那里会指向孩子行为的目的——寻求过度关注。

那么，妈妈就需要关注孩子。比如停下来抱着孩子，眼睛看着他，温柔而坚定地告诉他："宝贝，现在是 8 点 30 分，妈妈 9 点要上班，马上就要出门，不能被打扰。等今天晚上下班回来之后就是我们的特别时光，妈妈会一直陪着你。"

或者，妈妈可以给孩子一个小任务，指着钟表跟他说："妈妈需要在 8 点 40 分出门，现在只有 10 分钟了，妈妈特别需要你的帮助，你可以帮我看着时间，在 8 点 40 分的时候提醒我吗？"

这样的回应比起试图推开孩子或者责备孩子更积极正向，而且会给孩子传达以下几个信息：

1. 现在缠着妈妈是不被允许的。
2. 妈妈看到了我的需求，等今天晚上，这个需求就会被满足。
3. 妈妈很需要我，我是特别有价值的，非常重要。

TIPS：为什么我用不好这个表？

方法看起来很简单，但是为什么我们在使用的时候，仍然不见效呢？ 因为当我们面对一个做出不良行为的孩子时，我们太容易生气、愤怒，而生气和愤怒会妨碍我们理性思考。

如果我们处于情绪不稳定的状态，我建议在解决问题之前，我们自己和孩子都要积极暂停，等双方都平静下来，再思考孩子行为背后的真正目的到底是什么，我们要采取什么应对方式。

预防问题的发生

1. 孩子需要来自父母的关注，因此，我们要安排和孩子单独在一起的特别时光，给孩子高质量的陪伴。

2. 提前告知孩子，妈妈没办法做到随时陪伴你，但妈妈总是爱你的。

3. 准备一个沙漏或者计时器，在你不希望被打扰的时间，告诉孩子，他需要等待多久。同时，安排一些能够让孩子自己安全玩耍的地方。

孩子能够学到什么？

1. 在父母的引导下，逐渐学会表达出自己内心真实的感受、想法。

2. 尊重自己需求的同时，也尊重对方需求。

3. 确信即使自己不是父母关注的焦点时，依然会被父母所爱。

名词解释

特别时光：固定的、只属于你和孩子的、不被打扰的一段时光，不用太长，2-6 岁每天 10 分钟，7-12 岁每周最少 30 分钟，13 岁以上每月一次。在这段时光中，除了有危险性或者不尊重人的事情外，我们可以尝试一起做任何孩子有兴趣的事情。

1.3

倾听是最美妙的亲子沟通

很多父母都抱怨孩子越长大就越不爱跟自己交流，自己没有办法了解孩子了。其实从那个什么都愿意跟你讲的孩子，变成那个有什么事情宁可跟好朋友分享也不愿意跟你讲的孩子，这个变化不是一夜之间发生的。

回忆一下，在孩子逐渐长大的过程中，当他跟你分享他的某件事情时，你是急于教育他给他讲道理还是静静地倾听？当他想要寻求你的关注时，你是耐心地给予他陪伴还是表现出心烦？当他想要去做某件事情时，你是放心地让他去做同时在背后给他支持，还是不给他尝试的机会……下面的这些对话，你在生活中听到过吗？

孩子放学回家说：“我们班主任真的很可恨，我讨厌死他了。”

妈妈：“你不好好念书，还讨厌这个嫌弃那个，你有脸看你的成绩不？”

孩子：“……”

孩子说：“整天唠唠叨叨，我都快烦死了。”

妈妈说：“我唠叨还不是为了你好？”

孩子：“……”

孩子说：“你们总是不问我就替我做决定，我不想报这个补习班。”

妈妈说：“钱都交了，你跟我说你不想报了？你去也得去，不去也得去！”

孩子：“……”

孩子说：“我们班今天新转来的那个男生搞笑死了，大家一整天都在笑话他。”

妈妈说：“所以你们班整体成绩差，搞学习不上心，搞歪门邪道最在行。”

孩子：“……”

孩子成长过程中会经历很多事情，每一件事情都是一个极好地了解孩子、亲近孩子的机会，如果你没有抓住这个机会去倾听他，去了解一下他在经历那些事情时会有什么感受，等孩子逐渐长大，你就会发现他再也不愿意跟你沟通了。

我们常常会说青春期的孩子叛逆，但其实如果我们能够学会去倾听、去认同孩子的感受，孩子就根本不需要通过叛逆的方式来获得理解。

那么，我们怎样做才能更好地去倾听孩子的心声，怎样做才能让自己避免说教，真真切切去认同并接纳孩子的感受呢？

第一现场 · 遇到挑战

10 岁的小宇在寄宿学校念书，有一次周末回家，小宇跟妈妈说："妈妈，我们宿舍有个同学，每天晚上大家睡着了以后，他还开着电脑，听音乐也不关外放，我快要被烦死了。"

妈妈说："这事你得赶紧告诉你们班主任还有宿管老师啊，这多影响睡眠，第二天的学习怎么办？"

小宇说："这样不好吧，他知道了会生气的。"

妈妈说："要不妈妈给你们老师打电话？"

小宇嘟囔一句："这样跟我直接去找老师也没什么区别。"

妈妈说："其他同学受得了吗？"

小宇说："应该也不喜欢吧！但是他们好像都能睡着。"

妈妈说："别人能睡着就你睡不着？你这孩子也是娇气。"

小宇说："我也没办法啊，我睡觉一直都需要安静的环境，您又不是不知道。"

妈妈说："我知道有什么用？你跟我说我也没办法，我是能帮你换个宿舍还是帮你转个学校啊？"

小宇叹了口气，进房间去了。

妈妈也叹口气，到底要怎样嘛！

通常我们会这样做

· "你为什么不这样做呢？"

· "别人都可以忍受，怎么就你忍受不了？"

· "别什么事情都从别人身上找原因，有时候也要反思下自己。"

孩子在想什么

· "我情绪不好，我只是想找个人宣泄一下。"

· "我只是想要说说这件事情，我太需要倾诉了。"

情绪暂停 · 理解并接纳才能更好地和孩子联结

我们每个人在有情绪时，耳朵都是堵住的，听不进任何建议，成人如此，孩子也如此。

我们可以看到，当小宇跟妈妈说这件事情时，他是信任妈妈，把妈妈当朋友的。他内心深处希望妈妈倾听他，认同并接纳他此刻的感受。

然而妈妈听到小宇的倾诉后，接收到的信息是，孩子在跟我求助，他想要我帮助他解决这个问题。

孩子的诉求得不到回应，话不投机半句多也是必然。

为什么在孩子跟你聊感受的时候，你会跳过孩子的感受，直接想插手帮助孩子去解决问题呢？

其实大部分家长都是如此，因为当我们自己还是孩子的时候，我们的感受也很少被长辈理解和接纳，我们总是被长辈各种提点和建议，所以遇到问题，我们下意识就会用自己最熟悉的方式去应对。

但这并不意味着没法改变，只要我们开始察觉到并努力练习，慢慢地你也可以既做孩子的父母，也做孩子的朋友。

可以尝试的方法

我们看一看下面这个案例就会明白，当孩子跟我们倾诉时，为什么倾听与认同孩子的感受比直接给孩子建议或者讲道理更能解决问题。这是一位妈妈跟上小学的女儿的一段对话。

女儿回家把书包往沙发上一摔，气鼓鼓地跟妈妈说："妈妈，我不想上李老师的课了！"

妈妈说："你看起来有些不开心。"

女儿："我何止是不开心啊，我简直要气到爆炸。我特别讨厌李老师。"

妈妈："你需要妈妈抱抱你吗？"

女儿没说话，径直走到妈妈身边，在妈妈怀里待了一会儿后，她说："妈妈，我现在感觉好一点了，不过我还是特别生气。"

妈妈："你愿意告诉妈妈发生了什么事情吗？"

女儿："今天班上选小主持人，我和刘礼的票数一样，但是，李老师说，她会把她的那票给刘礼。我觉得这一点儿也不公平。"

妈妈："原本你是有机会得到小主持人的，结果李老师这票没有投给你，如果是妈妈，妈妈也会觉得很难过，很不公平呢。"

女儿说："是吧，所以我生气得不行。"想了一会儿，女儿又说："妈妈，我仔细想想，又没有那么难过了，李老师说，她这票没投给我，是因为我在台上把一个卷舌音念成了平舌音。李老师帮助我纠正了发音，还说严格要求我是为我好。"

妈妈："这么说，李老师其实是觉得你表现很好的，她想让你变得更好一点，对吗？"

女儿："嗯，是的，她让我下次加油。"

妈妈："那我们一起来想想，我们总是容易念错的卷舌音有哪几个，我们一起多练习纠正一下。"

女儿："好啊，妈妈。"

与第一现场中的小宇妈妈不一样的是，这个妈妈在用心倾听女儿的同时，认可并接纳了女儿的感受。

她没有急着帮助女儿解决问题，没有跟孩子说“老师是随便能换的吗”，或者“就你事儿多，你们班那么多同学都上李老师的课也没见像你这样说的”，又或者温和点去否定女儿，说“妈妈觉得李老师挺好的呀”。但意想不到的是，问题就这么顺利地解决了。

对生活中的我们来说，明白道理很简单，但做起来却不那么容易，即使掌握了技巧，仍然需要一遍遍练习。但首先，我们需要掌握技巧。

有人说，人之所以有两只耳朵，但只有一张嘴，就是要让我们多听、少说。你可以安静下来思考一下，当孩子跟你说话时，你的应对方式是不是下面这两种：

1.反应和纠正：我也没有办法；你不许那样和我说话；你不应该有这样的想法；你就不能跟别人学习一下吗？

2.修复或解救：如果你这样做的话，也许就不一样了；别难过了，相信我，你丢了的东西也许还会回来的；不要哭了，我给你买个一模一样的就行了。

假如大多数时候你的反应是以上两种，那你就特别需要进行下面的倾听练习了。

1. 当孩子试图对你说话时，停止打断、解释、辩护、说教或者命令。

2. 不说，只听。可以问这样的问题，例如："还有吗？""可以说得再多一点吗？"

3. 当孩子说完后，问问他是否愿意听你说，孩子如果说愿意，你再说。

4. 分享后，引导孩子一起寻求双方都满意的解决方法。

预防问题的发生

1. 改变自己的心态，相信孩子有能力处理自己的感受，我们只需要做一个陪伴者。

2. 注意自己那些可能会引起孩子顶嘴或者发脾气的话，当想说这些话的时候，及时察觉，少说话多倾听。

3. 要定期开家庭会议，以便全家人都学会用互相尊重的方式去沟通。

孩子能够学到什么？

1. 倾听别人，尊重别人。

2. 不轻易打断别人讲话。

3. 有感知别人情绪的能力。

放松时刻

电影：《怦然心动》

小女孩跑回家跟母亲说："在学校里当着那么多人他想吻我。"母亲说："看来你应该跟他谈谈。"

在这部电影中，处处可见小美好，也处处可以看到妈妈和孩子沟通的小技巧。

生活中，当孩子跟你倾诉时，你会用心倾听还是急于给孩子建议呢？

电影：《四百击》

这部法国电影告诉我们孩子是怎么开始叛逆的。

13 岁男孩安托万的家庭四分五裂，他饱受冷落，说谎、逃学、离家出走，一步步偏离成长轨道，他的孤独无助转化成了愤怒和叛逆。他被继父送到少管中心，然后拼了命又从少管中心逃了出来，却始终找不到出路。

有一句谚语说得好："我要是知道我死的地方就好了，那么我永远也不会到那里去。"养育孩子也是如此，如果我们知道怎么做会毁了孩子，那么只要竭力避免它就好了。

电影：《放牛班的春天》《地球上的星星》

一个行为不当的孩子，是缺乏鼓励和被关注的孩子，当他被鼓励、被看见时，会迸发出让你意想不到的力量。

1.4

不吼不叫，如何说孩子才会听？

相信我们所有人都期待自己当父母后依然稳重得体，然而，在现实生活中，画面却并非总是那么美好。

每个操心的家长都有这样的经历，跟在孩子屁股后面问："你做完作业了吗？""你刷牙了吗？"结果孩子来一句："你干吗天天没事就管我？"

家长试着跟孩子沟通，想要多了解他的生活，可奈何每天问他学校的事情，得到的回复都是"还行""还好""没事"。

所以，这个时候，九成家长的做法是扯开嗓门开始了"河东狮吼"。

然而，彰显"英雄本色"之后，很快我们就会沮丧和内疚。因为孩子除了吼叫，听不进你的任何话，而且惹你吼叫的事情在不久的将来还会反复出现。

第一现场・遇到挑战

眼看时针快要指向晚上9点了，可豆豆的作业还没有写完。

豆豆妈妈忍不住催豆豆："你快点把作业写完，再磨蹭就不能按时上床睡觉了。"豆豆回应一声"好"，但仍然不紧不慢地玩着手里的笔。豆豆妈妈气不打一处来，开始提高声音："不要玩笔了，抓紧写作业，没时间了！"

豆豆干脆把笔一放，说："妈妈，我不会写。"豆豆妈妈抓过作业一看，是抄写生字，瞬间火冒三丈，冲豆豆大吼："你是不是蠢啊，照着抄你不会？快点写，不写你就别上学了！"

豆豆眼里盈满了泪花……

通常我们会这样做

- "你能不能自觉一点？"
- "别人家的谁谁怎么就那么听话？你是来跟我'要债'的吗？"
- "你再不听话，放假去游乐场玩的计划取消。"

孩子在想什么

- "妈妈，我想要你多陪我一会儿。"

· “我遇到困难了，我需要你们的帮助。”

情绪暂停·找到自己情绪的触发器

豆豆妈妈说，每次吼孩子，就觉得自己变成了自己最讨厌的样子，那就是豆豆姥姥吼她时的样子。豆豆姥姥是一个性格急躁的人，对豆豆妈妈的日常要求非常严格。虽然豆豆妈妈养成了一些好的生活习惯，但也潜移默化地承继了姥姥的一些问题。豆豆姥姥在作息时间上的严格要求，内化到豆豆妈妈脑中，她不由自主地认为孩子需要准点睡觉，时间一到孩子还没上床，她就会觉得没法忍受。

家长们怒吼的触发器各不相同，比如豆豆妈妈会因为豆豆不能准点睡觉发怒，可能甜甜妈妈就觉得准不准点睡觉无所谓，但是会因为家里被甜甜搞得乱七八糟就怒火中烧……

家长发火有对自身不够了解的原因，同时，也有对自己孩子不够了解的原因，孩子的性格各不相同，了解自己孩子的特点，并且接受孩子的特点，有助于我们去理解孩子的行为。

当然，不管孩子有什么不同，他们都有共同的需求，那就是被尊重、被信任以及被爱的需求。而了解自己的情绪触发器在哪里，就可以提前察觉并在一触即发的时候提醒自己试着“情绪暂停”。

可以尝试的方法

如果不大吼大叫的话，怎么说，孩子才会听呢？

首先，用行动去跟孩子沟通，孩子不会去听你说什么，他只看你怎么做。你自己玩着手机却唠叨他不好好看书做题，你自己熬夜工作玩游戏，却让他准点睡觉，他是没办法听进去你的话的。身教大于言传。

其次，在跟孩子沟通的时候，要确保爱的信息传递给了孩子。蹲下来，通过抚摸、眼神的注视、身体上的照顾来告诉孩子，你是爱他的。沟通之前先进行情感联结。

再次，学会倾听，而不是评判和建议。当我们用说教、评价等方式来回应孩子的时候，就等于在告诉孩子：你的方法不对，你应该听我的。孩子虽小，但他们在面临一些状况的时候，也是同样需要给自己的情绪找到出口的。而评判和建议，不但不能帮助孩子疏解情绪，还会让孩子心里更难受。

最后，关注孩子的感受。当你不急于告诉孩子怎么做，不急于帮孩子处理眼下的问题时，你才会把精力放到孩子身上，也就是从心底里关注孩子的感受。这个时候，你说的话孩子会更愿意听。

每个孩子都需要尊重、信任和爱，那么除了上面强调的几点，我们做父母的究竟用怎样的方式才能既尊重孩子、信任孩子，又能帮助孩子、引导孩子，避免孩子走弯路呢？

启发式提问无疑是非常好的方法之一。

正面管教创始人简·尼尔森博士在讲座和课堂上经常会用到这样一个例子，她说：

我女儿有一次告诉我，她打算在聚会时一醉方休。我倒吸了一口气，说："跟我说说看，是什么原因让你想那么去做呢？"她说："很多孩子都那么做，而且他们喝醉了看上去都很开心。"我克制住想要对她说教的冲动，问道："你现在不喝酒，你的朋友们是怎么说你的？"她想了想说："他们总是说多么钦佩我，多么为我骄傲。"我接着说："你认为你喝醉了酒，他们会怎么想或怎么说？"我能看出她在思考，之后她说："我敢肯定他们会感到失望。"我又跟着问一句："那你觉得你会怎么想自己呢？"这个问题显然让她思考了更久。她停顿了一下，说道："我大概会觉得自己是个失败者。"随即又加了一句："我想我不会那样做的。"

回到第一现场中豆豆这件事情上，豆豆在写作业的时候磨蹭，导致不能按时睡觉，妈妈可以试着这么去谈：

豆豆妈妈："今天的作业好多哦。"

豆豆："对啊，今天要抄写 22 个生字，昨天才 16 个。"

豆豆妈妈："是的。你感觉怎么样？"

豆豆："我觉得好难抄，9点以前根本抄写不完。"

豆豆妈妈："是啊。我小时候也会觉得作业好多，那时候姥姥就像现在我催你一样。"

豆豆："真的啊，原来妈妈小时候也很苦恼。"

豆豆妈妈："是啊，作业写不完确实好苦恼。那今天的作业，你打算怎么处理呢？"

豆豆："要多一点时间才能抄写完。"

豆豆妈妈："你有什么好办法能又快又好地抄写完吗？"

……

接下来妈妈就可以跟孩子一起头脑风暴，讨论怎样做可以顺利完成作业按时上床睡觉。当然，豆豆的回答可能并不像上面那样，但是不管怎么回答，"启发式提问"都有助于你更多地了解你的孩子，并且和孩子一起找到解决问题的办法，即便最终这件事情没有解决，至少孩子学会了面对问题的时候主动思考。

TIPS：为什么我问孩子，他却很反感？

很多家长说，我也在用启发式提问，他作业没写完，我问他"你做完作业了吗？"他直接不回答我，我真的气到想发火。

这样的问题不算启发式提问，叫“圈套式提问”更合适。因为在你问孩子问题时，你心里是有预设答案的。如果孩子回答“写完了”，你就会说：“都学会撒谎了。”如果孩子说“还没写完”，你会说：“那你都干啥去了啊？”

上了学的小朋友尤其不喜欢家长圈套式的提问。

通常经典的启发式提问，都是以不带提问人自己预设的答案和导向来提出问题，问题非常开放。孩子听到这个问题，可以畅所欲言地表达自己的想法，就像前面简·尼尔森博士跟女儿的谈话那样，提出来的问题不会有诱导性。

比方说问孩子：

“跟我说说都发生了什么事情？”

“你当时是什么感觉呢？”

“你对这个事情怎么想？有什么打算吗？”

“要是下次遇到了这样的事情我们要怎么办？”

“还有吗？还有别的补充的地方吗？”

预防问题的发生

1. 审视一下自己，是不是经常对孩子发号施令并期待孩子按照我们说的去做，而不是给孩子创造说出自己想法的机会。

2. 试着跟孩子一起制订日常惯例表，帮助孩子学会时间管理。

3. 询问孩子这件事情对他来说是不是一个问题，以及他是不是需要爸爸妈妈来帮助解决这个问题。

名词解释

日常惯例表：由父母和孩子一起制订的某个时间段的具体安排，主要是为了让孩子知道接下来要做什么，以及如何管理自己的时间。

孩子能够学到什么？

1. 打开思路，寻找解决问题的方法。

2. 学会合作，而不是反抗父母的控制。

1.5

像镜子那样诚实描述，帮孩子变对抗为合作

养育孩子后，很多父母的日常都是拍着桌子大声喊孩子吃饭、吼着让孩子快完成作业、跟气呼呼的孩子对峙……

所有这些鸡飞狗跳的画面，都反映了一个面对挑战的家长日复一日的状态。在面对一个不听你话的孩子时，你烦恼、生气、愤怒、绝望，进而想要讲道理或者发脾气甚至惩罚他，但是，孩子却用更不听话、更抗拒来回应你。

你毫无办法，因为你不知道孩子为什么就是听不进去话。

如何才能让孩子感受到你对他的尊重和信任？如何才能帮助你跟孩子之间变对抗为合作？如何才能让孩子自觉自愿去改正自己的行为？

第一现场 · 遇到挑战

已经很晚了，雷雷却躺在床上翻来覆去睡不着，妈妈生气了，说："你这样翻来翻去，睡得着才怪！"

雷雷狠狠地"哼"了一声，转过身开始生气。妈妈说："哼什么哼？有什么不服气的，你看看几点了，你还不睡？明天还要不要上学了？你要不想上学，趁早说！"

雷雷显然被妈妈语气焦虑的抱怨和责备吓到了，他不再翻来覆去，但是，他伸出手开始挠墙，同时发出各种奇怪的声音。妈妈终于忍不住炸了，拖过雷雷的手，打了几下，边打边说："抠，我叫你抠！10点了，你睡还是不睡？你不睡我睡了，不管你了！"

终于，雷雷"哇"的一声哭了起来，早睡的梦想彻底泡汤了，妈妈又着急又生气，同时还夹带着内疚与挫败感。

通常我们会这样做

当生活中出现这些情形时：

孩子手很脏不去洗手；
孩子把吃饭的桌子弄得到处都是饭菜；
孩子老是忘记关灯；

孩子老是把鞋丢在门口；

孩子回家气呼呼地把门摔开；

孩子画画时涂得地板上都是颜色或是画笔到处乱丢；

孩子踢完球回家一身汗，但是不去洗澡；

孩子到了熄灯时间，却总是不肯上床睡觉；

……

我们通常会这样跟孩子沟通：

“快点去洗手，脏死了。”

“瞧你，把桌子弄得乱七八糟。”

“提醒你多少遍了，总是不记得关灯！”

“能不要把鞋子丢在门口吗？顺手的事情，就不能一次做好，让人省点心？”

……

孩子在想什么

· “妈妈，我没办法做到这件事情，我需要你的帮助。”

· “如果我没注意到，我希望妈妈可以提醒我一下。”

· “妈妈只是在发泄她的情绪而已，让她唠叨完就没事了。”

情绪暂停 · 理解自己并理解孩子

孩子的对抗情绪并不是天然存在的，有时候你的管教方式恰恰在激发孩子的对抗情绪。

你的沟通话语当中，有命令，有责备，有不满……

科学家发现，人脑中有一种叫镜像神经元的细胞，人们可以通过镜像神经元来理解他人的感情，当人们看到别人表现出某种情绪时，观察者会跟被观察者经历同样的神经生理反应。因此，当你情绪很激烈，并用命令、责备等方式表达你的不满时，孩子也会变得有情绪，这个时候，你和孩子之间就是剑拔弩张的情绪对抗。

在这样的情况下，你和孩子几乎没有合作的可能，因为你们把能量都用来和彼此对抗了。

可以尝试的方法

去描述客观存在的问题，而不附加任何评价和情绪化的语言。比如跟孩子说“我看到你的手很脏哦”“桌子上面现在比较乱”等，多半时候，孩子听完会想起来“哦，我需要洗手了”“我可能需要把桌子整理一下”。

你可能会问：有这么简单吗？是的，真的有这么简单。下面我给大家分享三个生活中的小案例。

第一个案例仍然是我们在第一现场讲到的雷雷母子，在第二个晚上，雷雷仍然在床上翻来覆去睡不着，妈妈跟他说：“雷雷，我看到你翻来覆去。”雷雷说：“是的，我有点睡不着。”“你需要妈妈帮你什么吗？”“妈妈，你可以关了灯躺在我旁边，给我讲个故事吗？”很快，在妈妈讲故事声中，雷雷闭上了眼睛，安静的夜里，能听到孩子均匀的呼吸声。

第二个案例：早上泡泡把看完的书扔在地板上没收，就要出门去学校了。妈妈说：“泡泡，我看到你的书在地板上。”泡泡回头看了一眼说：“我着急上学，回来再收。”然后出门了。下午孩子放学回家后，妈妈继续说：“泡泡，我看到你的书在地板上。”泡泡很快就自己去把书收起来，放进了书柜。

第三个案例：瑶瑶洗完澡在床上等妈妈，妈妈去晒衣服，瑶瑶在床上大喊大叫想让妈妈快点进来给她讲故事，等妈妈过来时看到地板上摔着两个枕头和一条浴巾。妈妈心平气和地对她说：“瑶瑶，我看到地板上有两个枕头，还有你的浴巾。”瑶瑶带着哭腔说：“妈妈捡。”妈妈接着重复了一遍“瑶瑶，我看到地板上有两个枕头，还有你的浴巾”，然后还加了一句：“瑶瑶捡完我们就可以开始讲故事啦。”瑶瑶说：“妈妈陪我一起捡。”妈妈说：“好，那妈妈捡哪个？”瑶瑶指了一下枕头，然后母女俩就一起捡起来了。

这三个场景中，妈妈都没有吼叫，也没有责怪，只是平静地描述看到了什么。

客观描述存在的问题，这一正面管教工具叫作镜子。

像照镜子一样客观地去描述你所观察到的，而不是你主观想象和评价的，通常就足以促成孩子的改变。

比如上面的问题，你可以这样跟孩子说：

“我注意到你的手脏脏的，我们需要吃饭了。”

“我看到桌子上都是掉落的饭菜。”

“我注意到灯还是亮着的，我们要出门了。”

“我看到你的鞋子放在门口。”

“我注意到你有些生气。”

“我看到地板上都是颜料，而且画笔都在地上。”

“我看到你身上都是汗。”

“我看到你还没有上床，已经晚上10点了。”

……

仅仅观察，表达对孩子自己能够找到并解决问题的信任，孩子就会跟你合作。最最重要的一点，作为父母，我们在用“镜子”这个工具的时候，应该情绪平和，且要避免换个方式试图控制孩子。因为父母跟孩子之间的任何问题要想得到解决，都需要先用心沟通，建立情感联结，没有足够的亲密联结，无论用什么工具都可能会引起孩子的逆反。

TIPS：妈妈吐槽：“会配合的是别人的孩子，而不是我的孩子。”

有一位家长对我说，这么简单就能配合的孩子都是本来就听话的孩子，我们家不存在这种情况。我的孩子 11 岁了，是个男孩，每次踢球回来一身臭汗，我跟他说：“我看到你一身汗。”他笑一笑，回答：“哦，是的。”根本就没有任何要去洗澡的意思。

父母描述了客观存在的问题，但是孩子却没有按照父母想的去做，这是为什么呢？原因有两个：

一是有可能因为你说教久了，孩子现在一听到这样的话就已经产生“抗体”，就想和你对着干了。如果你在描述问题时带着让他洗澡的目的，孩子是能感受到的，他心里想，妈妈只是换个方法让我去做事情，我不想合作。

第二个可能是，觉得一身汗需要洗澡的是妈妈，孩子自己并不这么认为。比如我们小时候就经常有玩儿得筋疲力尽回家，躺到床上倒头就睡的经历。这个时候，需要解决的不是孩子是不是去洗澡的问题，而是妈妈能不能分清楚母子之间认知差异的问题。

所以，这个时候，比解决孩子洗澡问题更重要的：（1）用启发式提问引导孩子；（2）接受孩子偶尔不洗澡，孩子是自己身体的主人，他有权决定。

不管用什么方法，解决问题的首要原则都是爱，如果心里没有爱，孩子感受到的是他的妥协、父母的胜利；而如果心里有爱，孩子和父母之间就能有畅通的沟通渠道。

预防问题的发生

1. 爸爸妈妈不要把主观意愿强加给孩子。
2. 少评判、多描述，相信孩子自己知道怎么做。

孩子能够学到什么？

1. 合作的能力。
2. 尊重他人的能力。
3. 更包容。

放松时刻

电影：《龙猫》

其中有一个情节，姐妹俩去医院看妈妈，妈妈看到妹妹的头发是姐姐梳的，于是跟妹妹说："我看到姐姐给小月梳了头发，谢谢姐姐哦。"不要求姐姐主动照顾妹妹给妹妹梳头发，也不会命令妹妹跟姐姐说谢谢，但是，姐姐从这句话中会获得鼓励，妹妹从这句话中能学会感恩。

1.6

沟通的目的是赢得孩子，而不是赢了孩子

经常听到有人感叹，孩子只有小时候才可爱。

因为小时候那个软软萌萌的小孩子，全身心爱着你、依赖你，你张开双臂，他就会撞你一个满怀，你对他笑，他全世界的花都为你开放。而那个逐渐长大的孩子则不一样，他会跟你顶嘴，会叛逆，他开始有自己的思想，更让人担心的是，这些思想与你的不一样。

然而，很多父母习惯了过去，孩子长大了，自己却还停留在孩子小时候。因此，一旦和孩子发生冲突，你会在潜意识里想要像过去那样控制孩子，也因此这场冲突变成了一场非赢不可的“战争”。

你会担忧，如果屈从于孩子，就是没有原则地放弃，那样你就输了，孩子就不会再把你放在眼里了，只有一直秉持自己的观点，最终让孩子屈服，才能保证自己的权威，才是

正确的教育方式。所以你会发现，很多父母哪怕错了也不可能去跟孩子承认错误。

第一现场·遇到挑战

萱萱妈妈为了公司年底冲业绩，经常加班到晚上九十点才回家。

有一天下班回家，马上10点了，8岁的萱萱还在书桌前玩手机游戏，见妈妈回家，萱萱赶紧收起手机假装在写作业。

看到这一切，妈妈忍不住唠叨："你要是不想念书就别念了，别一天天在家里给我磨洋工！"萱萱不满地小声顶嘴："不念就不念，谁愿意念谁念。"

妈妈瞬间怒火上冲，她一把揪住萱萱，把她从椅子上拽下来，大声说："你不念是吗？那好，你给我滚出去。"穿着家居服的萱萱被妈妈推到了门外。

萱萱在外面哭着拍门："让我进来，外面好黑，我害怕。妈妈你开门，我好冷。"但是妈妈不为所动，她隔着门问萱萱："你知道错了吗？"半个小时后，萱萱哭着说："我知道了，我知道错了，我再也不敢了。"妈妈又问："你错在哪里？"萱萱说："我不该跟妈妈顶嘴。"

通常我们会这样做

· “你错了吗？”
· “你服不服气？”
· “你有本事再说一遍！”

孩子在想什么

· “爸爸妈妈，我希望你们跟我好好说话。”
· “我有自己的想法，我不想什么事情都听你们的。”

情绪暂停·理解自己并理解孩子

所有跟萱萱妈妈有相同或者相似经历的父母们在经历这样的事情后，不外乎气恼自己情绪失控，或者得意自己又一次赢了孩子，为孩子听自己的话而觉得欣慰。

但其实发火、大吼，甚至把孩子关在黑漆漆的门外这样的行为，都是家长在给自己心里积压的负面情绪找出口，其实这个时候家长所有的行为，跟孩子开始犯下的错没有半点关系。

孩子后面的行为表现，在我们看来，固然是令人生气的，但是这种表现是被爸爸妈妈言语激出来的，比如我们跟孩子说："你有本事再说一遍！"被刺激的孩子常常明知道父母会恼火，也要倔强地再说一遍。

当冲突升级，必须有一个人妥协的时候，我们通常会将愤怒化成控制孩子的武器，孩子内心真实的感受直接被忽略，为了平息你的怒火，或者为了哄你开心，他需要强迫自己做一些本可以不做的事情，去为你的情绪负责。

比如萱萱，在又冷又黑的深夜被关在门外，不得不哭着跟妈妈认错。

而我们之所以会试图控制孩子，还有一个原因是我们常常会有这样一个认识误区，如果不去说教或者不去使用某种逻辑后果（通常是拙劣伪装的一种惩罚）威慑，就会认为在教育孩子的过程中，没有尽到自己的本分。

可以尝试的方法

鲁道夫·德雷克斯这样说过：所谓"赢了"孩子，是指大人用控制、惩罚的手段战胜了孩子；而"赢得"孩子，则是指大人维护孩子的尊严，以尊重孩子的态度对待孩子（和善而坚定），相信孩子有能力与大人合作并贡献他们的一份力量。

有这样一个故事。

6 岁的小男孩嘟嘟偷了小店里的泡泡糖，妈妈晓玲知道了，她问儿子为什么会去偷商店里的泡泡糖呢？嘟嘟不屑一顾地说：“反正小店里有那么多泡泡糖。”

晓玲把嘟嘟抱在自己的腿上，她温柔地跟嘟嘟说：“妈妈想跟你聊一聊自己小时候的事情。我在上小学的时候，有一次从商店里偷了一块橡皮。”嘟嘟觉得很有趣，竖着小耳朵继续听。晓玲告诉他：“我觉得很不应该，也感到惭愧，因为我的妈妈也就是你的外祖母告诉我，零售店的老板一年要卖掉很多这样的小东西，才能挣到足够的钱来支付房租、店员工资以及养家糊口。”

嘟嘟有点羞愧地搂着妈妈的脖子说：“对不起，妈妈，我从来没有想到过这些。我以后不会那么做了。”晓玲问：“如果你需要的话，妈妈可以陪你一起去跟老板说明情况，并为你偷走的这个泡泡糖付钱。”嘟嘟说：“我有些担心，老板或许会责备我。”晓玲跟他保证不会，事实上，店老板很热情地赞扬了嘟嘟。

如果我们只看到孩子做了自己不能容忍的错事，我们一定会忍不住用指责、羞辱或者说教的方式对待孩子。就像我们第一现场中的萱萱妈妈，试图通过大吼、惩罚等方式让孩子明白对错。但作为旁观者的我们都能看出来，萱萱只是表面屈服了，事情仍然没有解决，甚至出现了更多问题。

而故事中的晓玲，没有指责、羞辱或说教，嘟嘟不必因为自己所做的事觉得自己是个坏蛋，妈妈也赢得了儿子的心，嘟嘟愿意跟妈妈分享和探讨那么做的原因，并且能够勇敢地去为自己的错误行为承担后果。

从这个故事中，我们可以看到，父母跟孩子的冲突真的不只是非黑即白、非对即错，而是可以有共赢的结果。

要跟孩子达成共赢合作，第一步需要妈妈表达出自己对孩子想法和感受的理解。如果你能想明白，你生气是你自己的事情，而不是因为孩子，你可能更容易站在孩子的角度去理解孩子。有的父母会说："明明是孩子惹我生气，难道我自己还会生气？"我们不妨设想一下，如果你今天春风得意，老板宣布给你升职加薪，回家发现孩子没有好好完成作业，你是什么感受？而假设你今天在办公室遇到一堆倒霉的事情，你疲累又失望，回家发现孩子没有好好完成作业，你是什么感受？同样的孩子，同样的事情，困扰我们的从来不是事情本身，而是我们看待事情的角度和看法。非暴力沟通专家马歇尔·卢森堡提出：我们的感受源于自身，通过了解自己的感受和需求，我们可以变得不再指责他人。

第二步，表达出对孩子的同情，但不是宽恕孩子的行为。同情并不代表你认同或者宽恕孩子的行为，只是意味着你理解孩子的感受。这时，你如果告诉孩子你也曾有过类似的感受或行为，效果会更好，就像嘟嘟妈妈做的那样。在做这一步的时候，真诚特别重要。一定要发自内心地同情，而不是把同情当作工具，目的仍然是控制。假设孩子心爱的猫咪丢了，她伤心大哭，你的反应是："猫咪丢了，妈妈知道你很难过，我也为你感到难受，不要哭了，猫咪会回来的，会好的。"孩子会觉得你的同情只是试图让她闭嘴不哭的手段。但如果你这样跟她说："猫咪丢了，我知道你很难过，我也很难过，我以前也有只小狗走丢了，那时候我吃不好睡不好，我特别能体会这种感受。"孩子会感受到你的同情是真心的，你是真的理解她此刻的感受。

第三步，真诚并和善地告诉孩子你的感受。如果你真诚而友善地进行了前面两个步骤，孩子此时就会愿意听你说了。

第四步，让孩子关注解决问题本身。问孩子对于避免将来再出现这类问题有什么想法。如果孩子没有想法，你可以提出一些建议，直到你们达成共识。

预防问题的发生

1. 积极暂停，及时察觉当下的问题是自己情绪的问题，还是孩子行为的问题。

2. 克制唠叨和指责，利用日常惯例表，提醒孩子现在可以做什么。

3. 不要过多介入，让孩子体验自然后果。

名词解释

自然后果：自然后果是成人不干预、自然发生的结果。比如：当你站在雨中，会被淋湿；当你不想吃东西，会饿；当你忘记穿外套，会着凉感冒。

孩子能够学到什么？

1. 孩子会得到来自父母的尊重。

2. 孩子会跟爸爸妈妈一起去寻找解决问题的方法，他能从这个过程中学到思考能力、解决问题的能力。

3. 孩子会更尊重自己、尊重他人，会倾听他人，并能遵守他们自己参与创建的解决方案。

放松时刻

打开拳头游戏

这是一个很有意思的游戏，特别适合和孩子一起玩，游戏规则就是两人一组，一方握紧拳头，另一方在 30 秒内把对方的拳头打开！以下是很多人尝试的打开方式。

1. 简单粗暴型。直接用手掰，或者挠对方的痒痒，最粗暴的就是用针扎对方的手，看你打不打开。

2. 智慧型。问对方：“你相信我吗？”对方说相信。你就可以说：“你把手打开，我有办法让你握紧。”如果对方的好奇心足够强，会打开让你试试，那么你的目的就达到了。

3. 心机型。前期不要只盯着让对方把拳头打开，可以说点别的活跃气氛，让对方放松警惕，最后玩包袱剪子锤。

……

如果捏紧的拳头代表的是不愿意沟通的孩子，你觉得上面几种方式会让孩子愉快地跟家长沟通并合作吗？你有更好的打开对方拳头的方法吗？

第二章

理解共情力，化困境为机遇的力量

2.1

愤怒被孩子点燃时如何快速冷静？

当父母不容易，带小孩的过程中最可怕的就是日复一日地重复那些看起来不是事儿的琐碎事情：收拾乱糟糟的家，照顾孩子吃饭睡觉，陪孩子做游戏写作业，守着生了病的小孩一直到东方亮起……长此以往就会身体劳累、精神紧张、睡眠不足。

这个时候，如果孩子点个火，家长奓起毛来可以说是一瞬间的事。

冲孩子发火的那个瞬间很痛快，但接下来最折磨父母的想法就会出现："天啊，我怎么会对我的孩子发火？这会不会给他造成什么心理阴影？我真不是一个好家长。"

第一现场 · 遇到挑战

因为老公出差，平常接送孩子的重担就落在非非肩上，连续一周上班迟到后，集团领导下了最后通牒，如果继续迟到，就收拾东西回家当全职妈妈好了。

晚上非非接了女儿回家，女儿说："妈妈，你给我们老师打电话问一下今晚的家庭作业。"非非说："我不是让你放学后把作业抄在你自己的本子上吗？"女儿撒娇："你帮我问一下嘛，以前不都是你问的吗？"

非非说："我昨天已经跟你说过，让你自己抄。"女儿挑衅："那你不问我就不写了。"

非非瞬间就火了，她一把拽过女儿的书包摔在地上，冲女儿大吼："你威胁谁呢？作业是我的事情吗？你不是不写吗？那就别写了，以后这学也别去上了！"

女儿望着愤怒的妈妈，眼圈一红，也吼了回去："你干吗呀？发那么大火！"

通常我们会这样做

当父母本身承受了相当大的压力时，孩子稍微有一点不良举动，就会像点火器一样，点燃父母的怒火。在心情本身很低落，而孩子不但不能帮忙承担，反而给自己带来挑战时，我们通常会这样做：

· 冲孩子大吼大叫。

·情绪崩溃，泪流满面，抱怨孩子为什么不理解自己，为什么这么不懂事。

孩子在想什么

可是我们内心的这些情绪，孩子是没有感受到的，他们往往沉浸在自己的想法里，并不能跟我们共情。

- “我想再看一会儿电视。”
- “我现在还不想写作业。”
- “我不想这么早上床睡觉，我睡不着。”

情绪暂停·理解自己并理解孩子

经常有家长说：“我这个人就是脾气暴，容易发火。”这样说话的人，其实会有一个认识上的误区，他认为暴脾气是性格的一种，是与生俱来不可改变的。

但其实，情绪的产生不可避免，面对情绪却可以有更好的处理方式。

在第一现场中，如果想要发火的非非面前站着的不是孩子，而是早上训斥她的老板，她可能会思考再三，选择将脾气压回去。

美国著名心理学家、脑科学家丹尼尔·西格尔创设的掌中大脑理论，很好地解释了人在有情绪时为什么会爆发。

他将我们的手掌模拟为大脑。当你伸出手掌，掌心靠近手腕的地方就是脑干，那里负责我们的呼吸、心跳，被誉为“生命中枢”。如果把大拇指弯向掌心，大拇指可代表中脑，这是我们储存情绪和记忆的地方，也被称为“原始动物脑”。然后，我们将四指合拢放下。这时，我们就握成了一个拳头，拳头此时代表着整个大脑皮层，它负责接收和调节来自感官的各种信息。拳头的前面，也就是指甲盖的部分，代表着前额叶。前额叶负责调控以下机能：情绪、人际关系、反应灵活度、直觉、思维视觉、自我意识、逃避恐惧、道德品行等，也叫“理智脑”。

当我们很理智的时候，我们知道逻辑判断、社会交往、形势分析、情绪管理……我们大脑理智的那部分，就像一个盖子，紧紧地关住我们人类的动物本能。但是在情绪爆发的那一刻，“啪”地一下，大脑盖子被打开了。

当孩子吵闹到了你忍受的极点时你会怎样？你会失去理智，你的大脑盖子就会打开，这个时候你会无法处理情绪，你会跟孩子失控、发火。

由于人类有一种被称为“镜像神经元”的神经细胞，它的功能之一就是，看到别人做出什么动作，自己也会做出类似动作，看到别人产生什么情感，自己也会产生类似情感。

因此，当我们看到打开大脑盖子的孩子，自己也很容易打开大脑盖子。

在第一现场，我们可以看到，女儿因为妈妈发火，也特别生气，她的大脑盖子被打开了，因此开始对妈妈大喊大叫。当双方都处于大脑盖子打开的情况时，冲突就在所难免。

可以尝试的方法

晚上9点半该睡觉了，可小丸子仍然沉迷在动画片的世界里，妈妈提醒了几次该关电视睡觉了，可她完全不当回事。妈妈走过去，关了电视。小丸子生气地大喊大叫，还将茶几上的东西都扔到了地上。

妈妈看见了很生气，因为她跟小丸子讲过很多次：生气的时候不要乱扔东西。当妈妈情绪正要爆发时，她想到了前几天和小丸子一起布置的积极暂停角——“魔法森林”。

她对小丸子说：“妈妈现在很生气，很难过，所以我要去‘魔法森林’里待一会儿，我会在那里变得不生气，我心情好了就会回来，之后我再跟你好好说话。”

妈妈到了“魔法森林”里，看了一会儿书，就慢慢平静下来了。与此同时，小丸子也停止了哭泣，并跟妈妈来到了“魔法森林”。

看见小丸子已经平静了，妈妈对小丸子说：“现在妈妈感觉好多了，不那么生气了，我们聊聊好吗？”

小丸子说：“好。”

然后小丸子坐在妈妈的腿上，妈妈跟她说：“小丸子，妈妈知道你很喜欢看那个动画片，但你答应过妈妈每天晚上 9 点半要上床睡觉的，对不对？”

小丸子说：“可我真的特别想再看一会儿。”

小丸子妈妈说：“嗯，妈妈明白你的心情，你是很想一口气都看完吧。妈妈跟你说，那个动画片明天还会重播的，明天我们回家早点开始看，好吗？”

小丸子高兴地说：“好！”

一场即将爆发的战争在“魔法森林”里停止了，妈妈先平复了自己的情绪，然后又和小丸子共情，为后面沟通和解决问题铺平了道路。

在前文中，我们通过掌心大脑理论解释了人为什么会发脾气。对我们来说重要的是，当我们大脑盖子打开的时候自己要能够意识得到，并且可以像小丸子的妈妈一样通过一些方式帮助自己冷静下来，去合上自己的大脑盖子，让“理智脑”真正开始工作。

你要怎么做才能让自己的情绪冷静下来呢？不妨想一想下面两个问题：你在什么地方有助于你冷静下来？你做什么可以帮助你平静下来？

如果你现在脑子里已经有了答案，就可以给自己布置一个这样的地方，就像小丸子家里的“魔法森林”一样，这个地方就是积极暂停角，你可以给它起一个属于你自己的名字，让它完全属于你一个人。你还可以在那里放上你喜欢的书、音响或是其他物件，只要它们让你感觉舒服、安全，能令你迅速平静下来就可以。最重要的一点是不要忘记告诉你的家人，让他们明白你不是和他们冷战，也不是做些奇奇怪怪的行为让他们担心，你是为了不让生气时那个糟糕的你有机会伤害到你最爱的他们。

你还可以跟孩子一起建立一个专属于孩子的积极暂停角。建立过程孩子参与得越多越好，如果孩子想把这个暂停角放在床底下，那么只要他感觉舒适，就没什么不可以。

我们不需要评价他的选择并给他建议。我们要让孩子选择地方，让孩子布置，并让孩子给自己的暂停角取名字。最开始，孩子并不太知道这个暂停角是做什么用的，与其告诉他，不如自己率先使用，就像小丸子的妈妈一样，让孩子看到效果，因为身教大于言传，孩子会模仿家长的行为。

TIPS: 为什么我家布置的暂停角根本没有用？

有一个妈妈讲了她自己的困扰。她跟孩子说："你这样发火是不对的，我觉得你应该去积极暂停角冷静一下。"但是孩子根本就不配合，反而生气地说："我不去！"

还有一个妈妈在意识到自己即将发火时，跟5岁的女儿说："妈妈很生气，我需要去我的积极暂停角冷静一下。"然后她关上了门，结果女儿一边冲过来拼命拍门一边哭得上气不接下气。

其实并不是积极暂停角不管用，而是你的使用方式不正确，给孩子建立积极暂停角需要注意以下几点：

1. 要明白建立这个积极暂停角，一定是用来安抚情绪的，而不是对孩子的一种惩罚。因此，在情绪不好的时候，要自己主动选择去暂停，而不是被动要求暂停。

2. 当你生气，离开孩子前往暂停角时，记得告知孩子，"妈妈感觉好了就会回来"，这很重要。

尝试"积极暂停"这个方法，不是说你从今往后就不能发脾气，而是可以比之前更快地意识到你在干吗。在大脑盖子打开的时候，尽快地意识到"我的大脑盖子打开了"，并冷静下来。哪怕只是早一点点，事态的发展也可能会变为另一种局面。

预防问题的发生

1. 决定你要做什么，并提前让孩子知道。提前约定，可以减少大部分冲突。

2. 无论怎样约定，都要以尊重的方式坚持执行。

孩子能够学到什么？

1. 控制情绪的能力。

2. 表达情绪的方式。

放松时刻

电影：《头脑特工队》

我们慢慢长大的过程中，总会经历很多事情。生活中不仅仅有乐乐，还有忧忧、怕怕、怒怒、厌厌陪伴我们，每天都有好心情是不可能的，如果产生了别的情绪，也不要担心哟！它们其实都在寻找最好的方式让我们重新变得开心呢！

除了电影中的几种情绪，人的大脑中究竟还会产生多少种其他情绪呢？这些情绪对你和孩子又有什么作用？

2.2

发脾气一时爽，修复亲子关系万年难

有一个问卷调查：如果你犯了一个错误，你的爸爸妈妈会怎么对待你？下面的回答特别令人痛心。

有人说："恶狠狠地打、骂，表情是恨得入骨的。"

有人说："打，指责，没完没了地唠叨，翻旧账，把以前所有犯过的错误都说一遍。"

还有人说："无言地提示。他不指责你哪里错了，但是会用那种很冷漠的眼神让你觉得自己罪无可恕。"

……

在这样的环境下成长起来的我们，会怎么看待错误呢？我们会认为犯错误是不可以原谅的，是必须要受到惩罚的。

孩子犯错了，我们会惩罚孩子，但如果是我们自己犯错了呢？比如控制不住对孩子大发脾气。

我想，很多人可能会想办法推卸责任，为自己辩解，或者撒谎，不承认自己犯过错误，因为在很多爸爸妈妈的意识里，一旦我们跟孩子说自己错了，可能我们在孩子心里的威严也就没有了。

第一现场 · 遇到挑战

小鱼的妈妈带着小鱼去参加好朋友举办的亲子聚会。开始上菜了，第一道菜就是小鱼最爱吃的松仁玉米，小鱼很开心，赶紧把菜拖到自己跟前，往碗里扒拉了很多后，满足地开始吃了。

这个时候，妈妈在旁边突然一声吼：“你给我把碗放回去！”小鱼听到妈妈这么一喊，完全不明白发生了什么事情。妈妈继续责备道：“你没看到大家都还没开始吃吗？”小鱼被吓到了，郁闷地丢下勺子不吃了。

桌上的气氛一下子变得很紧张，有妈妈打圆场说：“没关系，小孩子都这样，喜欢吃就吃吧。”也有人说：“让小孩子吃饭时遵守规矩对他成长有好处，小鱼妈妈做得对，让小鱼等一下吃。”

妈妈本来觉得小鱼没有等大家就开始独自先吃没有面子，现在大家众说纷纭，她压力更大了，加上小鱼还在继续用勺子拨弄玉米，她终于忍不住爆发了，猛地拎起小鱼的胳膊大吼：“不是叫你停下来不要吃了吗？”

一通脾气发完，小鱼哇哇大哭，这顿饭也吃不成了，妈妈不得不带着小鱼早早撤退。

通常我们会这样做

这样的场景，我们或许都遇到过。可能是晚上孩子很困不想洗澡，你非让孩子洗；也许是孩子想买一个玩具，你觉得没有必要；又或者是孩子还想看一集动画片，但是时钟指向了该睡觉的时间……

当孩子的行为跟我们的预期不一致时，我们通常会这样做。

· 用很大的声音吼孩子，试图制止他的不良行为。

· 吼了孩子之后，自己觉得很愧疚，但是也绝不跟孩子道歉，因为毕竟是孩子有错在先。

孩子在想什么

可是你知道孩子为什么会有这样的行为吗？他们的心里究竟在想什么？

· “太好了，这是我最喜欢的菜。”

· “今天好累，只想睡觉，不想洗澡。”

· “我必须要得到这个玩具，我的同学都有，如果我没有的话，就没办法跟他们一起玩耍了。”

情绪暂停 · 理解自己并理解孩子

小鱼妈妈说："在家里，每次我都会根据孩子的口味做孩子喜欢的菜，每次看到孩子吃得心满意足，或者孩子把一些专门给他做的菜端到自己面前时，我都觉得没有什么，更多是认为孩子吃饭很省心，对妈妈厨艺很认可。"

孩子不会明白，为什么在家里，把一盘刚做好的菜端到自己面前狼吞虎咽的时候，妈妈会特别开心，还大加赞赏。可是在外面，发生同样的事情妈妈却劈头盖脸凶自己。

因为在小鱼妈妈的心里，家庭就餐和外出就餐是有不同的礼仪标准的，她非常在意有旁人的时候别人会如何看自己的孩子，当孩子没有朝自己的预期方向走时，她内心便不再淡定。这个标准小鱼并不知道，但是妈妈默认小鱼应该知道。

因此这个冲突的发生，问题并不出在孩子身上，而是出在妈妈身上。

父母可以想一下，当你面对孩子突然变得怒不可遏时，你不能忍受的，究竟是孩子考了低分，还是孩子考了低分后自己没有面子；你不能忍受的，究竟是孩子不礼貌，还是当孩子不叫长辈的时候你觉得自己家教不到位……或许当你意识到你把判断是非对错的标准等同于自己有没有面子、有没有权威时，你的怒火会消除大半。

那么，父母有没有必要跟孩子承认错误呢？我认为在探讨这个话题之前，我们可以先看一下这个故事。

美国著名橄榄球运动员吉姆·马歇尔在一次关键比赛中，犯了一个在旁人看来几乎无法挽回的错误，在和对方比分持平的情况下，他把球抱起并跑到底线持球触地得分，可惜的是，他跑错了方向，为对手赢了一分。

很多人在这样的时刻，可能就无法继续下面的比赛了。而神奇的是，在下半场他没有因此懊恼或者责怪自己，而是振作起来，打出了他职业生涯中最精彩的比赛，也为他们球队的胜利做出了巨大贡献。

事后记者采访他时，马歇尔说："如果你犯了一个错误，就去把它改正过来，我意识到我是可以有所选择的，我可以选择一直在痛苦和懊恼里，但也可以做出努力，迎接不一样的局面与结果。"

是的，犯了一个错误，把它改正过来就好。

可以尝试的方法

这个世界上没有不犯错的人，犯了错误，是既成事实无法改变，你无论惩罚对方或自己，都难以改写错误的结果。那是不是可以从另外的角度去思考犯错误这件事呢？

·犯了错误，惩戒的目的是什么？是为了避免日后再犯类似的错误。

·错误还有哪些价值？你可以从错误中发现学习的机会，找到需要提升的地方，发现新事物、新视野等。

当你把犯错误看作一个学习机会而不是什么坏事情时，为自己的错误承担责任就变得容易多了。特别是家长，更应该把犯错误当成一次学习的机会，因为你就是孩子的榜样，言传身教是最好的教育方式。

那么，当你犯了错误时，怎么做可以消除错误的影响，同时从错误中学到东西呢？“三 R 法”是一个特别实用的小工具。当你犯了错误，冷静下来后，想要跟孩子修复关系，可以使用“三 R 法”。

1. 承认（Recognize）：有责任感地，而不是指责性地承认错误。

2. 和好（Reconcile）：我向你道歉，对不起。

3. 解决（Resolve）：共同寻找相互尊重的解决办法。

我们回到第一现场这个案例，小鱼的妈妈可以在冷静下来后跟小鱼说。

1. 承认：“小鱼，妈妈今天犯了一个错误，妈妈希望你在外面吃饭的时候能够注意一下餐桌礼仪，但妈妈不应该用这样的方式提醒你，在你吃饭的时候大声呵斥你，大家议论纷纷的时候还跟你发脾气。”

2. 和好：“宝贝，妈妈跟你道歉，对不起，希望你能原谅妈妈。”

3. 解决：“下次我们如果去外面吃饭，妈妈仍然希望你能注意一下其他人的感受，但是妈妈想用一个更合适的、也是你愿意接受的方式提醒你，你能帮妈妈一起想想办法吗？”

父母不是圣人，难免犯错，父母给孩子道歉，不仅不会有损父母的威严，相反是把父母的威严转化为温情与爱。孩子会发自内心地像尊重朋友一样尊重自己的父母。

当你去跟孩子真诚地道歉并寻求孩子的帮助时，你还会发现，孩子真的是非常宽容的，同时，他们也会给你很多有创意的解决问题的办法。

小鱼的妈妈如果想避免这样的事情发生，她可以在出门前或者前一天晚上，跟孩子聊一聊第二天要去哪里、做什么。她需要提前跟孩子说说，在人多的地方聚餐不同于家里私人场合，需要等大家一起上桌一起吃。还可以跟孩子讨论“遇到自己非常喜欢吃的食物时该怎么办”这样的问题。

但这都是从妈妈的角度想到的办法，如果她愿意去跟孩子寻求解决方案，孩子一定会给出让人意想不到的答案，而且这个答案是最管用的，孩子会乐于遵守。

预防问题的发生

1. 提前告知。
2. 提前约定。
3. 积极暂停。

孩子能够学到什么?

1. 敢于承认自己的错误。
2. 勇于承担自己的责任。

放松时刻

创新能力游戏：我爱犯错误（也可以很多人一起做）

1. 邀请一个人配合你。

2. 向他宣布游戏规则：他在听到你的指令后，做与你指令相反的事情。

3. 让参与游戏的这个人做哭、笑、向左转、向右转等十多个动作，然后指令逐渐加快，一直到参与游戏的这个人犯错越来越多。

4. 邀请另外的人，做同样的事情。

请你思考一下：

1. 看别人犯错误有什么感受？

2. 你在生活中有没有犯过错误，犯错误是什么感受？

3. 当我们逐渐熟悉这个游戏的时候，犯错误的频率会变小，这说明什么？

2.3

感觉好才能做得好，一个拥抱就有效

我们经常看到这样的场景：当孩子犯错后，爸爸妈妈急着给孩子讲道理或者惩罚孩子，试图让孩子明白自己的错误。至于孩子能不能改正错误，好像不那么重要。

你可能经常听到有家长说：“我不是没管过，打也打了，骂也骂了，但是他不听，我能有什么办法？”家长之所以这样说，其实不过是甩掉自己的责任，把责任全部怪罪到孩子不听管教上，却没有思考为什么孩子会不听管教。

孩子不听管教，是因为一件事情发生时，我们忽略了他当时的情绪和感受，没有去跟孩子共情，没有很好地跟孩子建立情感联结。

一个在学校挨了批评的孩子，原本想要回家得到父母的一个拥抱，而妈妈却来一句：“被批评你还有理了？老师怎么不批评别人啊？”

一个在外面挨了别人欺负的孩子，原本想要回家得到父母的安慰，妈妈却来一句："为什么他打你不打别人，一个巴掌拍得响吗？"

一个考试考得很糟糕的孩子，原本想要回家得到父母的指导，妈妈却说："你怎么这么笨啊，这么简单的题目也能做错！"

那种话还没出口就被堵回去的感觉，你自己年幼时可能也经历过，而成年后的你，却不由自主地又做了这样的父母。

那么，怎样才能更好地理解孩子、去跟孩子共情并建立情感联结呢？

第一现场·遇到挑战

期末考试结束了，迪迪的分数不太理想，妈妈很生气地跟迪迪说："你成绩那么差，不知道你那个总考第一的闺蜜为什么会跟你做朋友。"

迪迪委屈地说："你总是说我成绩差，说我不如谁谁谁，但是孩子不是只有别人家的好，我也很努力，为什么你不看一下？"

妈妈说："你只有跟别人比，才能培养好的学习习惯，掌握好的学习方法。"

迪迪反驳："我说了我不适合激将法，你们老是打击我，我觉得自己很差。"

妈妈说："要是不打击你，你就飘了。"

通常我们会这样做

- "你看看你们班上的 ×××。"
- "你反思反思自己。"
- "我是为了你好。"

孩子在想什么

- "没有人看见我做过什么，真没意思。"
- "在爸妈眼里，我总是不行，我对他们来讲并不重要。"

情绪暂停·理解自己并理解孩子

在第一现场中，迪迪觉得委屈，妈妈又何尝不是？明明为了孩子好，孩子为什么就不能理解自己的苦心呢？

我们先不去探讨对错，先来想想，为什么原本最亲密的母女之间一直在对抗，彼此都不能理解对方说的话？这是因为母女之间没有共情，她们的沟通已经断了，就像被剪断了的电路，无法通电。

那么联结是什么呢？《游戏力》的作者科恩博士说："什

么是联结？当我们与孩子亲密互动时；当我们与孩子一起哈哈大笑时；当亲子时光爱意满满时……我的理解，这是一种大人与孩子之间沟通顺畅、彼此接纳的良性状态，也是育儿的核心。只有建立情感联结，孩子才会获得十足的安全感和自信心，并从内心深处愿意听取大人的建议，乐于合作。”

作为妈妈，我们要做的不是施加压力带来亲子之间的权力对抗，而是激发孩子合作的天性。孩子天生是爱合作的，而能激发合作意愿的，就是情感联结。

我曾看到一个大学生分享自己的故事。他说，父母管教自己特别严格，小时候感觉很压抑，终于，11 岁那年他离家出走了，兜里揣着 10 块钱。离家 3 天，他像个流浪儿一样，不知道要去哪里安身，晚上也不知道去哪里睡觉。有一天晚上，睡在国道不远处的庄稼地旁边，看着过往的车辆飞驰而过，他就想，还不如躺在车轮下面一了百了。

因为年龄太小，在外面流浪了几天的他最终还是选择回家。回家后，他看到父母几天时间苍老了许多，内心觉得特别愧疚。然而，父亲看到他第一眼，就扬起手掌狠狠给了他几巴掌，接下来就是劈头盖脸的呵斥：“你倒是别回来呀，你倒是死在外面呀，你知道你错哪了吗……”

他说，那一刻，他心如死灰，觉得自己真不如那天晚上直接走到国道上，被车撞死算了。

在这段描述中，你一定不难从这个孩子爸爸焦急的行为里看到爸爸对孩子的爱，但为什么明明是爱，却会让孩子产生心如死灰的感觉呢？

因为这个时候，孩子内心无比需要一个拥抱，一个来自父母的拥抱，而爸爸给他的却是一巴掌和劈头盖脸的呵斥。你让一个孩子怎么从打脸的巴掌和生气的呵斥里感受到爱？

可以尝试的方法

每个人内心都有需要支持、关爱和安慰的一面，小时候需要，长大了也需要；孤单的时候需要，充实的时候也需要。就像演唱组合 S.H.E 的《他还是不懂》那首歌里面所唱的：

他还不懂，
还是不懂，
一个拥抱能代替所有。
爱绝对能够动摇我。

管教孩子的过程中，比改变孩子的行为更重要的是先去了解孩子内心的感受，当你跟孩子共情，建立了心的联结，让孩子感受到自己是有价值的、有归属感的，孩子才会发自内心地愿意跟你一起去寻找化解挑战的方式。当选择是孩子自己做出来的时候，孩子除了能习得解决问题的能力，还会长期自发地坚持，这样的管教才是长期有效的。

所以，学习正面管教的父母，经常听到的建议是，先做情感联结，再做行为修正。改正之前先建立联结，是正面管教非常重要的理念。

拥抱就是建立联结的最好办法。

你可能觉得拥抱也太简单了吧，但是，你还真不一定会用这个最简单的工具。首先，当孩子出现负面情绪而产生错误行为时，你的第一反应是恐吓、惩罚、打骂、无视等，因为这个时候，我们的大脑早已把拥抱这个最天然的动作屏蔽了。其次，也不是不管三七二十一，不管孩子是不是愿意，就去抱，特别是你跟已经长大的孩子之间有很长时间没有拥抱，同时你们也似乎不太习惯拥抱这种表达爱的方式的时候，更需要掌握拥抱的技巧。

拥抱的使用技巧是：

1. 当孩子出现负面行为时，你伸出手，首先尝试和孩子拥抱；

2. 如果此刻孩子不愿意拥抱，问问孩子“我可以抱一下你吗？我需要拥抱，这样会让我感觉更好一些”；

3. 如果孩子继续拒绝，你可以委婉地告诉孩子“等你准备好了，咱们再拥抱也可以的”，不能强迫孩子和自己拥抱。

因此，拥抱时的重点态度是先和孩子进行情感联结，接纳孩子当时出现的负面情绪，不批评、不指责、不惩罚，等孩子情绪平复后再纠正孩子的错误行为。

爱需要表达，表达的方式千千万，而拥抱是表达爱意最简单也最直接的方式。当孩子出现错误行为的时候，试着跟孩子说“我需要一个拥抱”吧，拥抱的时候，你和孩子都会感到温暖和力量。

预防问题的发生

1. 经常使用“我看见”句式，来描述孩子的点滴进步。这样可以帮助我们把关注点从寻找缺点转移发现优点上。

2. 要认真倾听孩子的话，也许他遇到了真正的问题，需要我们帮助。

孩子能够学到什么？

1. 孩子会更有底气，更独立。

2. 孩子能学会爱与被爱，拥有安全感和自信心。

放松时刻

跟孩子建立情感联结的游戏

· 打闹游戏：通过互相追逐嬉戏、枕头大战等方式与孩子建立更亲密的联结。

· 角色扮演：比如让孩子扮演医生、大人扮演孩子，通过情景模拟的方式减轻孩子内心的紧张与压力。

· 镜像情绪：比如通过手偶等道具尝试情景剧，夸张地把情绪带入到游戏中去，用一种开怀大笑的方式来处理自己的情绪。

· 游戏约定：与孩子做一个约定，当育儿过程中遇到一些小挫折，比如孩子不肯刷牙时，通过事后的游戏邀请来释放因此产生的紧张感。

2.4

告诉孩子可以做什么，而不是禁止做什么

孩子在一天天成长，会调皮、会捣乱、会做很多令你抓狂的事情，这个时候，最大的困扰莫过于你发出指令，孩子却不听不执行。

比如：放学后不让孩子玩游戏，他偏要玩游戏；逛商场时，不让孩子满商场乱跑，可他偏要跑；吃饭时不让他吧唧嘴，可他挑衅似的吧唧得更响……

所有的“不让”“不许”“不可以”，为什么在孩子那里统统变成了对着干？

第一现场 · 遇到挑战

成成5岁多，正是能“翻天”的年纪。有一次，亲戚送了一把木剑给他，孩子得到这个礼物特别兴奋，他拿着木剑砍椅

子，这时爷爷过来制止他：“不要拿剑砍椅子。”被制止后，孩子不砍椅子了，拿着剑砍沙发，爷爷又说：“不可以砍沙发。”孩子四周看看，就拿着剑去砍电视，这下爷爷着急了，大声呵斥：“不可以砍电视！”孩子听到爷爷高分贝的呵斥，把剑往爷爷身上一扔，“哇”的一声大哭起来。

成成妈妈赶紧从厨房出来，这个时候儿子哭得不可开交，爷爷也因为被孙子用剑扔到了而生气发怒，连连叹息：“这孩子真是被惯坏了。”成成妈妈赶紧叫成成爸爸去安抚爷爷，自己抱着孩子，捡起地上的木剑离开客厅，到卧室后，她跟孩子说：“成成，你可以拿剑砍枕头，砍抱枕哟。”孩子一听，立刻破涕为笑，拿起小剑欢快地玩了起来。

通常我们会这样做

- “不要只知道看电视！”
- “不要吃那么多零食！”
- “不要总看那些没用的课外书！”
- “我说了鞋子不要到处乱放！”
- “考试千万不要紧张。”

……

孩子在想什么

- “我可以做什么？”
- “我到底可以做什么？”

情绪暂停·理解自己并理解孩子

心理学领域有一个非常著名的实验，来自美国加州大学的认知科学与语言学教授乔治·莱考夫。

实验者邀请大家跟他一起做一个体验活动，实验者发出口令：“请大家不要在脑海中想一只粉色的大象。”听完这句话，所有参与实验的人，都立刻在脑海里勾勒出了一只粉色大象的样子。

为什么呢？当有人说“别”“不要”这样的否定指令时，哪怕是我们成年人，也会略过“不”和“别”，直接听到否定词后面的语言，这是因为我们的潜意识会自动过滤掉这些否定词。

当你了解了这些，再去想你跟孩子说“不要”“别跑”“别动”等指令时，孩子却不执行，是不是就更容易理解了？

尤其是当你着急大声地说“不要”时，你的情绪是比较紧张和激烈的，孩子也能感受到这个情绪。他越能感受到这个紧张情绪，越容易忽略“不要”，因此，他做的事也正好是你并不希望看到的。这就叫适得其反。

比如很多爸爸妈妈在孩子要考试、要参加比赛的时候，会反复地叮嘱孩子：“孩子，今天考试最重要的是不要紧张、不要害怕，不漏题、不粗心就好了。当然也不要丢三落四。”

结果如何可想而知，紧张、害怕、粗心、漏题就像那只粉色大象一样在孩子的脑海里挥之不去。

还有一个原因是，我们在呵斥孩子不能做什么时，并没有让孩子明白为什么不可以做，也没有给孩子清晰的指令，让他知道自己可以做什么。又或者，我们自己其实也并不清楚自己想让孩子做什么。

以第一现场的成成为例，爷爷只告诉他不能砍椅子，不能砍沙发，不能砍电视，那么，手里的这把小剑可以砍什么呢？孩子并不知道。所以不断被否定的孩子，可能会从爷爷的一次又一次发脾气里总结出一个道理：“我只有不玩这把小剑才不会被批评！可是，这把小剑买回家，难道不是为了给我玩的吗？”

他并不知道爷爷让他不要砍这些东西，是因为这些东西会被砍坏。那么，到底怎么做才能让孩学会听指令呢？

可以尝试的方法

我们总是觉得，孩子不听自己的指令，一定是因为孩子调皮捣蛋，而没有去想可能是指令不对的问题。

在第一现场这个场景中，成成妈妈只不过把爷爷说的“不要做什么”改成了“可以做什么”，孩子就乖乖配合并开心玩耍了，为什么呢？

我们可以找个人体验下面这两组活动。

活动一：“不”语言。

一个人跟另一个人发出以下指令：

“不要坐着！”

“手不要放在身体两边！”

“手不要放在前面！”

“不准站着！”

……

做完以后，去问另一个人有哪些感受。

活动二：正面语言。

同样是一个人跟另一个人发出以下指令：

“好，现在大家坐下！”

“把左腿放在右腿上！”

“手抱在胸前！”

“身体靠在椅背上！”

……

做完后，再去问问另一个人的感受。

很显然，大家不用问就知道，在做活动二时我们会感觉舒服很多，因为我们知道自己要做什么，更重要的是没有压迫感。

教孩子该做什么，也就是“正面语言”，这是一个特别好的解决问题的方法。想让孩子不要做什么，第一步就是要把“不”“别”“不要”改成正面和肯定的语言。

孩子对什么词更敏感、更容易理解呢？首先是名词，其次是动词。对什么词不太敏感呢？就是我们说的一些副词，“别”呀，“不”呀……这些词要等他们更大一些才能理解。这是儿童发展心理学的一个研究发现。

当你不再习惯性地要求孩子不能做什么的时候，你会自然地想要告诉孩子可以做什么。

比如第一现场的成成妈妈会跟孩子说：“你可以拿着这把小剑砍抱枕。”当然，即便你如此清晰地告诉孩子可以做什么，孩子依然有不愿意执行的时候，但至少当你再给出指令时：“宝贝，你还可以怎样怎样……”孩子会知道接下来该怎么做。

日常生活中，我们需要教孩子做什么，而不是呵斥孩子不能做什么。比如孩子一直在看电视，与其说“不要再看电视了”，不如说 “你现在可以玩一会儿积木”。比如孩子在马路边踢球，与其说 “不要在马路上踢球，危险”，不如说 “你去小区里那片空旷的操场上踢球吧”，或者问孩子 “你觉得在哪踢球，更方便又安全”……

在使用“教孩子该做什么”这一正面语言工具时，有七个关键点需要注意。

1. 态度坚定，而不是强硬；

2. 要提前告知孩子；

3. 使用清楚、具体的语言，不要含含糊糊、模棱两可；

4. 有条件地许可，不能完全禁止；

5. 可以用孩子明白的暗号、手势；

6. 花时间和孩子一起训练使用“正面语言”；

7. 让孩子决定自己应该做什么，并且去做。

预防问题的发生

1. 在禁止孩子做某件事情时，自己内心至少清楚希望孩子做什么。

2. 在双方情绪都很好的时候跟孩子聊天，告诉孩子当我们跟他说“不要”，是因为担心什么事情。比如，当孩子回家太晚，你呵斥他“不要在路上磨蹭”后，还需要跟他说“你回家太晚，妈妈很担心你的安全”。

孩子能够学到什么？

1. 学会思考，学会自己做决定。
2. 学会尊重自己和他人。

放松时刻

小游戏：说“不要”，就罚钱

大家可以跟孩子做一个小游戏。拿出你家的存钱罐，你每说一次“别”“不”，就往存钱罐里放一块钱，看看一个月之后你攒了多少钱，也可以留心看看每一周有没有比上一周少放一点。

大家可以把每周统计的数字写在一张卡片上，放在家里显眼的位置提醒自己，然后把这些放在存钱罐里的钱用在家庭娱乐上。

2.5

不允许孩子哭泣，会让孩子未来出现无数问题

很多家长为孩子爱哭烦心不已，我在家长的学习群里经常看到他们提问：“我们家孩子太爱哭了，一点小事不如她的意，就哭哭啼啼的，烦死人。”然后，会看到后面有很多家长留言“+1”“+10086”……家长们一说起这个话题，根本刹不住车。

哭泣，其实也是父母乃至大多数成年人表达感受的方式。

哭泣，像罪过；谈感受，很羞耻。

有个家长说：“我们小时候不知道情感是什么，大了也不知道怎么表达情感。交朋友、谈恋爱、结婚过日子，全靠自己瞎摸索，有时候不知道为什么笑，更可怕的是不敢哭，好像一哭就本能地觉得父母要来揍我了。如何哭怎么笑的课程，我还能补考过关吗？”

第一现场·遇到挑战

6 岁的东东活泼好动。有一天，东东满客厅地跑，突然一个不留神摔倒了，妈妈没有理会，因为觉得孩子只是轻轻摔了一跤。见没人过问，东东“哇”地一下就哭了出来。妈妈远远地对东东说：“乖孩子，不哭了，自己站起来。”可是东东没有停止哭泣，反而哭得更加大声。于是，妈妈走过去用略带严厉的语气说：“刚才就叫你不要乱跑，现在摔跤了吧？知道错了就自己站起来，不许再哭了。”看见妈妈严肃认真的态度，东东慢慢不哭了。

但是，妈妈慢慢发现，从那之后东东几乎没再哭过。有一次在小区里玩滑梯，东东被小伙伴不小心绊倒了，妈妈赶紧过去看情况怎样，只见东东含着大泪珠、撇着嘴说：“妈妈，我不哭，我不疼。”

东东妈妈瞬间觉得特别心疼，也突然警觉到孩子好像已经有很长时间没有哭过了。她不由得反思自己平时是不是对东东太严厉了，是不是自己的教育方式出现了问题。

通常我们会这样做

·大声呵斥：“不许再哭了，再哭小心我揍你啊！”“你到底想要什么，能不能不哭了，好好说话？被你闹死了烦死了！”“你能不能安静会儿不要哭了？”

·激将法：“你瞧瞧你都多大了，怎么还这么哇哇大哭的，不嫌丢人哪！”

·把孩子撂一边：“这么爱哭，去那坐着痛快哭个够吧！”

·转移注意力：“宝宝，你看这有好吃的，我带你去吃好不好？”

孩子在想什么

·“我好难过、好生气、好伤心……”

·“我想要妈妈抱一会儿。”

情绪暂停·理解自己并理解孩子

对妈妈来说，看着孩子努力忍着不哭，会觉得对不住孩子。可是又感觉爱哭的孩子太不可理喻了，有事没事哭几嗓子，一点小事能哭半天，有时连眼泪都没有就嗷嗷干号，让人很心烦。

我们不妨先了解一下，哭对孩子意味着什么，如果我们总是不让孩子哭，孩子未来又可能会面临怎样的局面。

美国南佛罗里达大学研究发现，落泪让近 90% 的哭泣者的情绪得到了明显改善，与抗抑郁药相比，哭泣能起到更好的自我安慰和提高情绪的作用。德国人约翰·凯尼格创作了一本《悲伤词典》，里面有8000种形容不同种类悲伤的词语。也就是说，当孩子流下一滴眼泪时，在凯尼格眼中，可以有8000种不同的理由。然而，不管孩子为了8000种理由中的哪些理由而哭泣，还是有大部分家长接受不了。并且，估计你也从来没见过哪个家长抱怨说："我的孩子太爱笑了，这可怎么办啊？"

孩子开始哭泣的那一刻，我们会觉得孩子的悲伤因我们而起，而我们却一下子变回了那个童年时候做错了事却不被允许哭泣的孩子。为了消除这种不适感，我们常常本能地阻止孩子哭，或者用严厉威吓的方式，或者用相对柔和的方式，但都是在阻止孩子表达情绪。其实，哭泣跟笑一样，都是天然的、健康的，是不具破坏性地释放情感压力的过程。

哭，是人类表达情感最原始的方式。健康的孩子一出生就伴随着啼哭。而大人们传递的"不许哭"魔咒，为孩子们种下了"哭不好，不被认可"的意识。这种错误的情感教育，使孩子们远离了健康的情感认知、表达及沟通。许多家庭的矛盾误会，往往就是夫妻双方都不知怎样理解回应对方情绪造成的，他们只能通过争吵、打骂、摔东西或是沉默冷战来表达。

美国《时代周刊》披露，日本一个名为"哭泣研讨会"的组织，专门通过放声哭泣的方式为人们减压。研讨会的形式很简单，就是把大家聚集到一个房间里，组织者朗读一个悲伤的故事，同时播放感人的画面和歌曲来烘托悲伤的氛围。不一会儿屋内就会传出一片抽泣声。不少参与者表示哭过后压力感明显减轻。组织创始人佐贺县隆也表示，眼泪能够带走人体的一些压力荷尔蒙，其效果甚至比"笑声疗法"还要显著。

所以，不管孩子还是大人，哭，可以说是安全、健康的发泄方式之一，更是所有人的权利。

可以尝试的方法

寻求关注、宣泄情绪、语言能力发展不足、家庭关系紧张、被冤枉、气质类型、生理因素、触觉敏感、安全感不足等种种原因，都会导致孩子哭泣。哭泣是本能，但我们也应该耐心地教给孩子如何勇敢独立地解决问题。

那么，如何正确对待哭泣的孩子呢？哈佛大学心理学博士后苏珊·大卫提出了四个关键步骤。

第一个步骤：让孩子没有成人介入地、自主地感受情绪。

很多父母看到孩子哭得很伤心会直接说"羞不羞啊，别哭了好不好"，其实这样的介入有很多主观情感在，大人的态度会削弱孩子自己去真实感受情绪的意愿，继而产生压抑或逃避的心理。你需要做的，是没有偏见地让孩子自己去体味，无论开心还是伤心，正面情绪还是负面情绪。情感没有对错之分，只是一种内心自然涌出的感受而已。让孩子自己去感受和接纳情绪，让孩子学会和情绪相处，做自己情绪的主人，是最重要的前提。

第二个步骤：让孩子没有恐惧感地展现情感。

让孩子哭出来，这在很多父母眼中是不应该的事，他们说得最多的就是“哭什么哭”，或者“不许哭”，时间长了，孩子为了满足父母的要求，会很小心地展现自己的情感，或者对某些情感产生恐惧。比如，你一直和一个男孩子说“男子汉大丈夫，别总哭哭啼啼的”，很可能他会变得坚强，真的不哭了，但是这会导致一个坏处，就是他对于“哭”这个重要的情感从此产生了抵触和恐惧，这是非常糟糕的结果。人生不如意十有八九，当成长过程中真的遇到什么事情，恐怕他再也不会选择用哭来化解，而是强颜欢笑地忍受，这会让他变得更痛苦。

第三个步骤：让孩子学会表达哭泣背后的感受。

我们不但要引导孩子去感知不同的感受，还要让孩子学会将这种感受表达出来。比如，看到孩子哭，你需要让孩子更加敏感地理解：哭的背后其实也在传递不同的感受。你可以问他：“刚刚你哭，是因为压力大？伤心？还是失望？”了解自己的感受，会让孩子对于情感有更强的敏感度，未来的共情能力也会更高。

第四个步骤：重温感情消失的全过程。

当哭泣的孩子终于破涕为笑时，你心里的石头才会基本放下，觉得总算大功告成了。但这时候还需要和孩子一起复盘整个情感消失的全过程。你可以说：“这就是伤心的滋味，能看得出你现在感觉好多了。你刚刚经历了一个从特别伤心，到有点伤心，到最后伤心消失的全过程，你要知道，一般而言，我们经历了相同的事情时，第一次的情感都是最强烈的，如果下一次你再碰到同样的事情，可能就不会这么伤心了。又或许等你长大了，就不会觉得这是一件值得伤心的事情。”童年的美好回忆里，放肆地哭也是其中的一部分。童年可以自由又有安全感地哭泣的孩子，会在一次次自由的眼泪中感受到爱和接纳的力量，会在成长中始终感受到来自爸爸妈妈包容鼓励的力量。

预防问题的发生

1. 早点开始教给孩子：有不太舒服的感受也是被接纳和允许的，没有关系。

2. 教会孩子真实地表达自己的感受——当弟弟推倒我拼好的乐高玩具时，我感到很生气。

3. 鼓励孩子把哭泣的原因放到家庭会议上讨论，全家一起帮助寻找解决办法。

孩子能够学到什么？

1. 自己的感受很重要，自己的感受可以被尊重和认可。

2. 对情感会有更强的敏感度。

3. 感受没有对错之分，有任何感受都没有关系，总是会好起来的。

第三章

学习自控力，孩子未来的助力器

3.1

鼓励孩子，有自信的孩子做事动力更充足

正面管教家长课里有一个小活动，叫“我是查理”。

带领活动的讲师准备一张白纸，在白纸上画一个小男孩，他的名字叫 “查理”。讲师要求下面的学员，每个人以爸爸或者妈妈的身份，对这个叫查理的小孩说一句伤害他的话。

“查理，你怎么这么笨！”

“我一点也不喜欢你。”

“你真叫我失望。”

……

每个学员说完，讲师就会把画着查理的那张纸揉一下，直到最后变成了握在手里的一个纸团。

接下来，讲师要求下面的学员，每一个人以爸爸或者妈妈的身份，对这个叫查理的小孩说一句鼓励他的话。

“查理，我看到你最近学习很认真。”

“谢谢你今天帮妈妈摆餐桌。”

“你笑起来真好看。”

“爸爸妈妈相信你。”

……

当学员们说出这些话时，讲师慢慢地将纸团舒展开，直到纸团完全被舒展为之前的纸张。

我们可以看到，除了情绪和行为，语言也是亲子关系里的重要内容。不同于情绪，语言是分好坏的。坏的语言有如毒药，让人一蹶不振；而好的语言就如同助推剂，让人充满动力。

那么作为父母，我们在日常生活中经常对孩子说什么语言呢？

第一现场·遇到挑战

远远今年8岁，上小学二年级。最近，远远妈妈在辅导作业的时候，发现远远总是唉声叹气。

妈妈说：“远远，快点动笔写啊？”

远远头低着，眼睛垂着：“妈妈，我不会。”

“怎么不会呢？都这么简单。”

“妈妈，我真的不会。”

妈妈读一遍题，嘲笑远远：“这都不会，你可以不用念书了，我怎么生了个你这么笨的孩子。”

远远低着头，眼泪吧嗒吧嗒往下掉。

通常我们会这样做

当孩子表现糟糕的时候，是他最需要鼓励的时候。然而，我们通常跟孩子说的话却是：

- “你真的太笨了。”
- “你能做好什么事情啊？”
- “我对你真的很失望。”
- “我怎么可能相信你。”
- “你能办好什么事情？”

……

孩子在想什么

- “我需要帮助，能不能慢慢教我。”
- “说出来爸爸妈妈也不会理解，算了，还是不说了吧。”
- “我真的很笨吗？”
- “我是不是真的不行？”

情绪暂停·理解自己并理解孩子

我们很自然地会爱一个乖巧的孩子、一个表现好的孩子，却很难去爱一个表现糟糕的孩子，然而当孩子表现糟糕的时候，恰恰是他最需要爱的时候。

英国 BBC 有部纪录片叫《人生七年》，每隔七年跟踪拍摄一些孩子从少年到老年的生活变化，叫尼尔的小朋友是其中随机选择的一个。一开始尼尔脸上总挂着可爱的笑容，眼睛闪闪发亮，他的梦想是当宇航员；再后来尼尔考牛津大学失败了，其间遭受父母各种否定，尼尔选择了自暴自弃，他流浪过，也做过搬运工；到后来，他得了精神疾病，历经坎坷，生活落魄。

尼尔的一生被评价为想法很多，但缺乏积极行动，这其中很大一部分原因是被父母否定太多。当孩子想尝试，或者尝试失败时，父母总是说："你做不好的，到时候还得我来""我就知道你考不上的""做的什么事情，一团糟"。久而久之，孩子觉得自己做多错多，不做才不会出错、不会被否定，最后干脆再也不去尝试。

父母否定孩子的本意，是希望激励孩子，让孩子变得更好，但是很遗憾，就像第一现场中提到的远远一样，他非但没有变得更好，反而更自卑、更加否定自己了。

在《遇见孩子，遇见更好的自己》这本书中，作者讲的一个案例，让人特别震惊。

这个年轻女子说，在她没有成年时，重男轻女的父亲经常气冲冲地对她说："你就是个赔钱货！"她在描述这件事的时候，眼泪都快要掉下来了。她说："后来我就真的自暴自弃、作践自己，现在我成了一名单亲妈妈，爸爸说过的话经常在我脑子里回响。我觉得他说得对。"

孩子大部分时间都在跟父母相处，他们还没有形成独立思考问题的能力，基本上要依赖父母，这个时候父母跟他说的每一句话，都会让孩子接受这句话的心理暗示，他会按照父母说的话去寻找归属。

所以，那些否定的言语重复数次，就形成了孩子的认知，就像用一根细绳拴住幼年的大象，即使这头大象到了成年，有了能轻易挣脱细绳的本事，它也不再想要挣脱。

可以尝试的方法

父母对孩子而言太重要了，所以父母在语言上的否定是最伤害孩子的；而父母的鼓励，对孩子来说，也有着化腐朽为神奇的力量。有人甚至说，一个孩子被鼓励到 4000 次的时候，他就会变得自信、充满力量。虽然我们无法把 4000

次当成一个确切标准，但很显然，父母的鼓励在孩子的成长中意义重大。

比如第一现场中的远远，如果妈妈愿意耐心带着他一起看题，并及时肯定他已经学会的东西，再慢慢教给他那些不会的东西，孩子就会知道：我不是一个笨孩子，我只是练习得还不够，只要我多练习，这些题我都能做出来。

那么，日常生活中，我们要怎么鼓励孩子、帮助孩子变得更自信呢？只要你愿意，就可以学习并练习，迅速学会运用鼓励这个神奇的工具。

1. 客观描述：我看到你……（描述具体的行为）。

我在初中的时候，担任过语文课代表，负责帮助老师每天放学前收齐当天的作业本。一个班有几十个人，分成好几个小组，于是，我将收到的作业本按组整理好后，一组本子脊朝内，一组朝外摆放。原本我只是为了方便自己区分，但是第二天老师跟我说："我看到你把作业本做了一个小处理，这样老师批完后再分发作业就能节省时间，谢谢你。"

老师的那句话让我特别受鼓舞，一直到现在，我都记得自己做一件小事被看到时的心情。当看到孩子做了一件有价值的事情时，我们只需要客观描述这件事情，就是对孩子的鼓励。比如：

"我看到你最近放学回来就会主动写作业。"

“我注意到你今天的作业写得很用心，全部做对了。”

“我看到你自己把时间规划得很好。”

……

2. 感谢：谢谢你……（做了什么事情）。

朋友家二胎宝宝出生后，大宝变得特别不好沟通，让他这样，他偏要那样。有一天晚上，妹妹要洗澡，他在旁边闹着让妈妈抱。妈妈跟他说：“妈妈需要你帮忙递一下妹妹的沐浴露。”大宝诧异了一下，给妈妈递了过去，妈妈说：“谢谢你帮妈妈的忙，要不是你，妈妈抱着妹妹就拿不到这瓶沐浴露了。”大宝立刻开心了，追着妈妈问：“妈妈，你还需要我帮你做别的吗？”

很多人会觉得，一家人谢来谢去多矫情啊。其实，谢谢不但不矫情，还很有必要。比如这个故事中，妈妈的谢谢是一种看见和肯定，在这句鼓励里，大宝不再觉得自己总是添乱，而是感受到了自己的价值。所以，在每一个可以说“谢谢”的时刻，不要吝啬你的“谢谢”。比如：

“刚才我工作的时候，谢谢你没有打扰到我。”

“今天晚上我做家务的时候，谢谢你帮我照顾弟弟。”

“今天早上我有点情绪失控，谢谢你过来抱抱我。”

……

3. 赋权：我相信……（我对你有信心，我信任你）。

小宇要参加班上的一次演讲，他总感觉自己准备不够，内心很忐忑，担心要是在讲台上忘词了怎么办，万一出丑被同学笑话怎么办——他甚至想要跟老师请假。但是小宇爸爸跟他说："你第一次登台，肯定会紧张的，这没有什么，爸爸记得自己第一次在众人面前做演讲也很紧张，但是我做到了，我相信你也可以做到。即使在讲台上忘词了也没关系，美国总统竞选演讲都有停顿的时候呢！"虽然小宇还是有点紧张，但却一点也不害怕了，第二天，他顺利地完成了演讲。

所以，如果你确定自己相信孩子，并准备放权给孩子，不妨告诉他："我相信你有做好这件事情的能力。"

TIPS：实在说不出口怎么办？

有妈妈说："我们家真的不习惯说这种鼓励的话，感觉很别扭。"

这是因为，我们习得的能力多数来自模仿，对我们这些大部分从小没有或者很少被鼓励过的父母来说，去鼓励孩子确实很难。

如果实在说不出口，可以把想说的话写在本子上，对着镜子多练习几遍，再去跟孩子说。

预防问题的发生

1. 每天都找到孩子一个以上的优点，并对孩子说出来。
2. 及时肯定孩子努力的过程，而不是结果。
3. 避免给孩子贴类似“蠢”“胆小”“无能”等标签。

孩子能够学到什么?

1. 发现身边人的优点。
2. 肯定自我，不自暴自弃。

3.2

赋予孩子自主权，帮助孩子点亮未来

有一个很普遍的现象，孩子小时候都挺有理想的，但到了高中，就有点迷惘了。在高考报志愿的时候，很多孩子不知道自己想学什么，往往都是家长做主。到了大学，又会迷惘两年，到了第三年觉得该有个目标了，才准备考研、考英语出国等。

可人生到底是什么样子的？很多孩子心里都不是很清晰。

我们都知道谁的人生都无法被他人替代，但在前行的路途中，很多孩子依然希望能依靠父母、依靠外在力量给自己的人生加油。

出现这种现象的原因到底是什么呢？作为父母，想让孩子有一个精彩、自由的人生，在孩子人生的早期阶段应该怎么做？

第一现场·遇到挑战

9 岁的妙妙跟妈妈因为吃饭的事情吵了起来。

妈妈："宝宝，要吃饭了。"

妙妙："我今天晚上不饿，可以不吃吗？"

妈妈："你要是不饿，就不吃吧。"

几分钟后。

妈妈："妙妙，你饿了吗？饭我给你留在桌子上，快要凉了。"

妙妙："我不是说了吗？我不饿。"

妈妈："我觉得你饿。"

妙妙："我不饿。"

妈妈："你饿！我辛辛苦苦给你做饭，你怎么会不饿？你现在说不饿，等到晚上饿了怎么办？你一整天学习这么辛苦，你可能会不饿吗……"

妙妙一边捂着耳朵大喊烦死了，一边委屈地坐到桌子前吃饭。

妙妙妈妈觉得心累极了，每天操心妙妙的吃喝拉撒睡，孩子却不领情。

其实很多妈妈都像妙妙妈妈一样，用自己的想法去主导孩子的行为，尤其在孩子的行为和自己的想法产生冲突时，会忍不住去提醒、催促，甚至强迫孩子。

通常我们会这样做

· “要不要喝水？你快一个小时没喝水了。”

· “7 点了，赶紧去写作业。”

· “10 点了，再不睡觉我拉电闸了。”

· “我帮你报了个英语班，你那个天文兴趣班没什么用，我给你取消了。”

……

孩子在想什么

· “让我自己做主。”

· “我可以管理好自己。”

· “我不行。”

· “算了，还是听我妈的吧，省心。”

情绪暂停·理解自己并理解孩子

电视剧《小别离》中有一句经典台词：“世界上所有的爱都以相聚为最终目的，除了父母对孩子的爱。”父母真正成功的爱，就是让孩子尽早作为一个独立的个体从你的生命中分离出去，这种分离越早，你就越成功。

在第一现场，我们看到的妙妙和妈妈的相处方式，其实是大部分家庭中妈妈和孩子的相处方式。大多数孩子都或多或少经历过相似的被控制阶段。为什么会出现这样的情况呢？

首先，分离的过程对很多父母来说五味杂陈，有的父母甚至因此产生分离焦虑。这种焦虑往往会导致父母控制或溺爱孩子。

其次，很多父母将自我价值依托在孩子身上，觉得孩子是自己的一部分，把自己和孩子紧密捆绑，孩子完全没有自我，必须按照父母的安排来，如果没有，那就意味着父母的失败。

最后，不信任孩子，不敢将权力放心地交给孩子。

然而，小孩子一直在成长。在生命最初，他的成长需要父母给他力量，并为他服务，直到他具备可以独立生存的能力。这套生来就携带的系统，就是控制，让控制得以起效的是父母本能的爱。

随着年龄一天天变大，孩子的能力在不断增强，不想被他人控制的欲望也随之增长。这就是为什么很多家长发现，婴儿在刚刚出生甚至不会走路的时候，特别乖巧好带，到了两岁的时候却像变了个人一样。

因为从以前什么都依靠父母帮助，慢慢发展到什么事情都尝试自己动手，孩子已经在行动上和心理上悄然地建立了属于自己的心理界线，而父母仍然停留在孩子什么都做不到的认知下，没有办法收回替孩子包办和做主的手。当孩子的自我边界与父母心中的界限出现分歧时，冲突也就开始了。

家长管孩子管得太多，为孩子做主太多，孩子长到一定年龄就会形成对父母的依赖，没有自己的主见。但这不是说，让父母完全不要去管孩子，父母对孩子的影响应当在孩子成长的关键时刻发挥作用，什么是关键时刻呢？比如孩子遇到困难时，孩子不能坚持时，孩子的情绪沮丧时，孩子感觉脆弱时，等等。在这些关键时刻，父母的鼓励、支持和帮助会把孩子扶上一个新的成长台阶。

也就是说，我们可以给孩子建议和鼓励，但是不要代替孩子解决他自己的问题。

可以尝试的方法

当我们了解了孩子成长并不需要家长大包大揽，我们就可以用一些小工具帮助孩子成长。比如正面管教中的“选择轮”。

“选择轮”是个很简单的工具，却可以用在很多场合。比如孩子不愿意按时起床、不想停止看电视、不想写作业时，甚至不得不独自玩耍时……和孩子坐下来，通过启发式提问问孩子：“当问题出现时，你觉得有哪些解决办法？”

我女儿很小时，我经常需要整天工作，有时孩子没人带，我便要带着她去工作，在这之前，我会跟她进行协商和沟通。

1. 告诉她会有几个小时的时间，需要待在某个地方，保持安静，问她愿意吗？她怀着好奇又欣喜的心情说愿意。

2. 启发式提问："如果你特别想说话怎么办？"女儿把食指放在小嘴巴上。

3. "时间比较长，如果想去厕所，妈妈可以带你去。但是其他时间你觉得无聊的话，怎么办呢？"她说："我可以画画啊，可以玩游戏啊……"

4. "画画是个好主意！但玩游戏要保证不打扰到别人。我们一起来做一个'陪伴妈妈工作选择轮'，看看还有些什么事情可以做，好不好？""好！我来画。"她拿起笔，在纸上开始画圆圈。

于是，我们一起做好了这个"陪伴妈妈工作选择轮"。内容都是我和她一起头脑风暴出来的，包括折纸、吃零食、画画、看绘本、喝水等。

做好了选择轮，我开始工作了，一整天孩子一项项做着选择轮上的项目。当然，偶尔会吵闹，但大部分时间她可以好好遵守。结束后，我真诚地表达了我的感谢和鼓励："妈妈看到你很好地遵守了我们的约定，自己选择了选择轮上的事情去做，没有打扰到妈妈。妈妈非常感谢你陪我工作。"

通过选择轮，我们赋予孩子的是他的自主权。

我们可以准备好纸和笔，一起按照下面的步骤跟孩子制作一个选择轮。

1. 和孩子一起头脑风暴，列出可能解决问题的方法清单。所有选择应该与事情相关，并尊重孩子，而且也要合理。如果有需要备注的地方，提前约定协商。比如看电视或者玩手机等选项，家长是需要限制时间的，在做选择轮时就应该沟通好。很多时候，是因为我们没有提前约定，才会造成孩子的失望和情绪失控。

2. 在饼状图的每个扇形部分写下一个解决方法，让孩子画图或进行标注。

3. 问题发生时，建议孩子使用选择轮找到一个解决办法。要让孩子预先知道，他选择了某种行为将会有什么结果出现。给孩子选择，就是给孩子自主，他需要为后果负责。

4. 让孩子做选择时，需要避免采取惩罚的方式，因为惩罚会让孩子感觉到自己不够好，而这个不够好的感觉，很可能会摧毁孩子的自信。孩子所面对的选择，应该能够帮助他解决问题，帮助他在解决问题后体会到自主和自信。

现在你应该已经知道，选择轮其实是一种解决问题的方法，它可以让家长在放手的同时给孩子更多选择，让孩子有更多权力，同时也让孩子更关注解决方案。

TIPS：妈妈吐槽：如果我不管，她真的就随心所欲了。

宁宁今年10岁，读小学四年级，她的每一天都由妈妈来安排。

从几点开始写作业，先写什么作业，写多少才算可以，都是妈妈在有条不紊地给她安排。然而，妈妈的精心安排不但没有帮助宁宁更顺利地完成作业，反而让宁宁认为作业是妈妈的事情，跟自己完全没有关系。即使第二天要考试，妈妈因此着急上火，宁宁仍然是一副关我什么事的模样。

宁宁妈妈跟宁宁说："从今天开始，你的作业你自己来规划，妈妈不管你了。"晚上吃完饭，宁宁无所事事地坐在沙发上看电视。妈妈问宁宁："你想好作业该怎么完成了吗？如果你想好了，就去书房做作业吧，已经过7点了，你不能再看电视了。"宁宁"哦"了一声，关掉电视去了书房。

妈妈几次去书房偷瞄，发现孩子一直坐在椅子上发呆，书包都没有打开。她忍不住喊一声："宁宁，该写作业了，你都发呆半个多小时了，要不今天先写语文吧。"宁宁停止发呆，从书包里拿出语文课本，问妈妈："今天的语文作业是什么呀？"

为什么宁宁妈妈试着放手，但却完全无效呢？

1. 宁宁妈妈虽然做出了改变，但是所采取的教育风格与以往完全不一样，所以宁宁需要一个适应期。但是妈妈追求的是立竿见影的效果，期待与现实完全不一样，宁宁妈妈才会觉得无效。

2. 不管是催宁宁关电视进书房，还是偷偷去书房，妈妈虽然说要信任孩子，但内心里仍然对孩子不信任，她害怕孩子做不到，或者说，她知道孩子肯定做不到，而她自己也承担不了孩子做不到的后果。

预防问题的发生

1. 从一件件小事开始，逐渐放手，相信孩子有自己处理好问题的能力。

2. 在对孩子提要求时，要尊重孩子。

孩子能够学到什么？

1. 自己是有能力管理好自己的。

2. 有独处的能力，会安排自己的时间。

3. 有主见，有责任感。

3.3

孩子习惯性拖延，可能是内在驱动力不足

有一阵子朋友圈被一个小段子刷屏。

一位妈妈经常陪娃写作业，娃五年级的时候，妈妈心梗住院了，还做了两个支架。最后她终于顿悟："想来想去还是命重要，作业什么的就顺其自然吧！"

这个段子不一定真实，但还是戳中了家长们的痛点，大家都心酸地笑了，然后结伴吐槽孩子在学习和生活中的各种烦心事，其中以习惯性拖延为首。

写不完作业、上学要迟到了、不按时睡觉……你心急如焚，孩子却悠哉游哉不以为然。到底该怎么办呢？

第一现场·遇到挑战

翰翰在书桌前已经坐了快一小时了，翰翰妈妈去他书房一看，作业一个字还没有写。

翰翰妈妈干脆搬了一把椅子，坐在翰翰跟前盯着他写。

被监督后翰翰总算动笔了，可好不容易写两个字，错了，又擦掉重写。就这样，写了擦，擦了又写，三十几分钟过去了，作业本还没翻页，翰翰妈妈忍不住大声呵斥："你快点啊？这么磨磨唧唧，几点才能睡觉？"

翰翰委屈巴巴："妈妈，我肚子痛，我想上厕所。"

翰翰妈妈觉得自己的忍耐已经到了极限，大吼一声："不许去，把作业写完再说。"翰翰小脸上挂着泪花，一边写字一边抽抽搭搭。

孩子写作业拖延，究竟是什么原因呢？作业到底是孩子的，还是家长的？

通常我们会这样做

· "晚上 7 点了，到你写作业的时间了，去书房吧。"

· "赶紧把作业写完，别人都额外做习题集，妈妈也给你准备了一套。"

· "快点，别一写作业就拖拖拉拉。"

……

孩子在想什么

·“我不想 7 点写作业，我的动画片还没看完。”

·“写完了妈妈又会加作业，反正没有自己的时间，还不如拖着。”

·“妈妈好像还不是很生气，还可以拖一会儿。”

……

情绪暂停 · 理解自己并理解孩子

当孩子开始上小学，你会发现，案例中翰翰妈妈遇到的有关写作业的挑战，几乎每天都会发生在我们的生活中。完不成作业，是大部分孩子成长过程中存在的问题。但直接给孩子贴标签，说孩子写作业拖延，你可能冤枉了孩子。孩子写作业慢，可能有以下四个原因：一是儿童的注意力持续时间本来就不是很长，二是有些孩子的个性就是慢性子，三是孩子写作业拖延可能是在向父母表达对抗情绪，四是这些作业对孩子来讲真的有难度。

除了不同年龄专注时间有差异之外，还有一种磨蹭，可能是孩子个性使然。孩子也跟成人一样，有的急性子，有的慢性子，如果不去理解孩子的个性，只是一味地催，最后的结果，不但事情做不好，还有可能影响亲子关系。对于慢性子的孩子，在帮助他一起做时间规划的同时，还要给他全然的理解。因为快有快的节奏，慢有慢的方法，让孩子顺其自然地按照自己的节奏学习、生活才是最好的。

但如果孩子做其他事情都很快，唯独写作业、学习磨蹭，那么有可能是亲子关系出了问题，而不是孩子有写作业拖延症。孩子可能是在用某种方式跟你说："我不想做，你强迫不了我。"因为孩子在家中没有话语权，他只能用这样一种被动的方式表达自己。所以，他宁愿拖延，也不按照你的要求去做。这个时候，你需要通过孩子的行为去看其背后的心理诉求，与孩子沟通交流，找到问题的症结。

如果是因为作业难度比较大孩子没法完成，那么就需要你陪伴和帮助孩子解决学习上的困难。不过陪孩子写作业，尤其是教孩子完成不会写的作业，挑战是非常大的。在网上看到对成语"远交近攻"的最新解释：该成语出自《战国策》，现在用于形容陪孩子写作业，意思是家长陪孩子写作业时，如果距离远，还能简单交流交流，如果靠得近，就会忍不住攻击他。许多家长在下面点赞，算是苦中作乐。

陪孩子学习、写作业真有那么恐怖吗？其实我们别忘了陪孩子学习、写作业的初衷就好了。我们要时时提醒自己：我陪伴孩子写作业，是为了帮助孩子解决学习上的困难，保护他的学习兴趣，建立孩子对学习的信心。记住了这点，讲解题目时，这个解释行不通，换个角度解释；这个难度孩子理解不了，降低一点难度看看。

当孩子总是不开窍时，你不妨想想自己也有不开窍的时候，这样就能理解孩子的感受了。如果一道题讲了三遍还不明白，就先放一下，做做其他的事情，调整一下节奏。一般来说，一道题讲到三遍，你很可能就会着急，孩子也会紧张。而在紧张、害怕的状态下，孩子所有的身心反应都会用来防御自己假想的危险，根本没有余力来思考眼前的题目。有些孩子一旦处于紧张状态，就会发蒙，整个人都是僵的，对外界信息完全处于屏蔽状态。这时，你的讲解只会徒增自己的火气，而丝毫不能帮到孩子。

而要从根本上改变孩子的习惯性拖延，还是要建立孩子的自主性和自理能力。

一般来说，父母平时给予孩子的自主度高，孩子有机会处理自己的事情多，主动性就容易养成；如果孩子平时事事依靠父母完成，自己没有自主意识，那么不管在什么事情上，孩子的主动性都会差一些。怎么培养孩子的自主感及自理能力呢？可以从三个方面着手。

1. 孩子的事情，让孩子参与决定，避免家长单方面说了算。

2. 确定由孩子处理的事情，让他按自己的节奏来，家长不要过多干涉。

3. 孩子真正遇到困难时，父母要视情况提供适当的帮助，帮助孩子完成任务，树立孩子“我能行”的信心。而不能报复性地对孩子说：“我不管你，你自己看着办。”当我们这样说的时候，孩子会感觉到强烈的“被遗弃感”和“无助感”。

可以尝试的方法

孩子写作业拖延有诸多原因，但是家庭作业是孩子应该做的，如果没有特殊情况，就该做到当天作业当天完成。有调整空间的是写作业的时间：是回家就写，还是玩耍半个小时再写；是写一半休息一会儿，还是一口气写完。这些都可以让孩子自己决定。

正面管教家长课里有一个特别实用的小工具，叫作“日常惯例表”。为了确保计划契合实际，制订合理的日常惯例表要综合考虑很多因素。

1. 孩子要参与计划的制订，你要倾听并尊重孩子的意见。当孩子能够主动表达自己后，他就没有必要通过拖延来抗争了。

2. 跟孩子一起头脑风暴，列出睡觉之前要完成的事情，做好从放学后到睡觉前的时间规划。

3. 拍下孩子做事时的照片，或者画出来。

4. 让日常惯例表主导：“你的日常惯例的下一项是什么？”

5. 不要加入奖励，因为奖励会带走能力感。

惯例表做好后，并不能一劳永逸，要留一段时间缓冲和调整。执行过程中如果出现不合理的时间安排，可以叫上孩子一起再重新讨论调整。

惯例表这个工具非常实用，也非常容易学，只要细节用对了，孩子就能学会自己管理和规划时间，你也可以把孩子完成作业的权力归还给孩子，而不是一直在孩子身后催，好像这个作业是你的责任一样。同样，日常惯例表对孩子在其他方面的时间管理也是非常有效的。

记住，在制订和使用日常惯例表的过程中你仅仅是引导者和陪伴者，而不是主导者，孩子才是主导者。父母一越界就会变成控制，孩子就只能被动接受、消极对抗，缺乏积极性。

TIPS: 我家也制订了时间表，可孩子压根不遵守。

豆豆今年 7 岁，刚上小学一年级，每天写作业都是各种磨蹭。晚上他的惯常做法是拿起一张试卷，做了两题以后开始跳着写。

豆豆妈妈看到后大声呵斥豆豆，要求豆豆养成好习惯，从头写到尾。

但是挨了妈妈呵斥的豆豆，反而一个字也不写了，他自顾自地开始玩笔、玩橡皮。妈妈发怒了，他才摸出另外一张试卷，写几道题，然后又开始跳着写。

于是，豆豆妈妈使用了我们在家长课上讲解的正面管教工具——日常惯例表。

豆豆妈妈跟豆豆说："因为你不好好写作业，所以我要给你做一个日常惯例表，保证你能够好好完成作业。"

豆豆说："我不要！"

妈妈说："你相信我，有了这个惯例表，你就可以好好完成作业，妈妈晚上再也不骂你了。"

豆豆说："那好吧。"

豆豆妈妈把豆豆每天晚上需要完成的作业，以及完成这个作业大概需要的时间列了出来，然后问豆豆："这样子你觉得可以吗？"

豆豆说："可以。"

到了晚上，豆豆依旧在写作业时磨磨蹭蹭，妈妈指着惯例表说："到写语文作业的时间了，你再不抓紧，在规定的时间就做不完了。"豆豆听完，又跟以往一样玩起了橡皮。

妈妈着急了："你自己答应我可以按照这个表来，你这孩子说话怎么不算数呢？"

为什么豆豆妈妈制订的日常惯例表，执行起来没有效果？

1. 孩子每一个不良行为背后，都有原因或不被满足的诉求。如果诉求不被满足，什么工具对孩子都是无效的。豆豆写作业不能从头写到尾，总是跳着写，客观原因是缺乏专注力，或者写作业对他来说有难度；而主观原因是，孩子在寻求妈妈的关注，他需要妈妈更用心的陪伴。

2.在使用日常惯例表时，豆豆妈妈违反了两个重要原则：一个是孩子自愿参与制订；一个是孩子自主安排时间。

预防问题的发生

1.给孩子足够的亲子陪伴，避免孩子写作业或者做其他事情时一直寻求关注。

2.对孩子的期待应该符合孩子本身的能力。

3.在提醒孩子的时候，尽量指一下日常惯例表上孩子要做的事情，而不是一味地唠叨、催促。

孩子能够学到什么？

1.自己的事情自己负责，有担当。

2.时间管理能力。

3.4

孩子依赖电子产品，是因为内心缺乏原动力

在生活中，你有没有给过孩子一个手机或者平板电脑，又或者让孩子坐在电视机跟前，只因为你想获得一段不被孩子打扰的时光？但随着孩子越来越依赖电子产品，你又不免担忧，最直接的担忧有三点。

1. 如果我们不说，孩子可以一整天都在看电视或者玩电子产品。

2. 担心孩子长期使用电子产品会影响他的注意力。

3. 担心孩子上网时看到不好的内容。

可即使你非常担心，也没办法杜绝孩子跟电子产品接触，因为学校布置家庭作业需要用手机查看；很多线上课程需要用平板电脑完成；孩子需要的一些资料，也常常需要在网络上查找……而在使用电子产品的过程中，还会弹出一些游戏界面，成人都不一定能抵挡住的诱惑，却要求孩子抵挡，其

难度可想而知。

第一现场·遇到挑战

因为家庭作业都是在微信群里通知，再加上一些作业的完成需要用到手机软件，所以妈妈让11岁的小飞每天自己用手机查看和完成作业。

然而小飞每天回到家放下书包，不是写作业而是拿着手机玩游戏。妈妈坐在旁边的时候会收敛一点，只要妈妈出门，小飞就会把手机拿出来堂而皇之地玩，一玩就是几个小时，到睡觉时间了，作业还一个字没动。

有一次，小飞妈妈特别生气，冲到房间一把抓过小飞的手机摔到地上。没想到，小飞哭闹着说："你摔吧，摔了正好，我也不用写作业了。"

孩子如此沉迷手机游戏，其实也是小飞妈妈一开始没有预料到的，可是不给孩子手机也行不通，到底该怎么办呢？

通常我们会这样做

- "不要总是抱着手机玩个没完！"
- "再盯着手机不放，别怪我摔了它！"
- "能不能自觉点？"

……

孩子在想什么

- “就玩一会儿，玩一会儿我就写作业。”
- “再玩一会儿吧，反正已经这么晚了。”
- “你们又不陪我，我不玩手机干什么？”

……

情绪暂停·理解自己并理解孩子

孩子究竟为什么会对电子产品产生依赖呢？网络及游戏（现在换成了手机）让人上瘾的原因，主要包括代入感、趣味性、成就感、社交性等因素。其中，趣味性是游戏的固有属性，所有游戏生产商都会不遗余力地在趣味性上竭尽所能，因此网络游戏不仅能最大限度地满足玩家的欲望，还能持续不断地激发玩家的欲望，这也是网络游戏比任何网上行为都更让玩家依赖和迷恋的原因。

除了那些对孩子心理有足够了解的家长，绝大部分家长是无法阻止游戏在趣味性上对孩子的诱惑的。针对网络游戏，我们作为家长能够对孩子产生影响的因素包括代入感、成就感与社交性这三项。

影响孩子代入感的基础是亲子关系。亲子关系好的家庭，孩子在日常生活中，大部分时间是被关注、被欣赏、被认可的，也就是说，在真实的家庭生活中，孩子就可以获得充分的存在感与价值感，因此对于自己在游戏中获得的存在感与价值感不会过分迷恋。大部分对于网络游戏上瘾的孩子，都不同程度地存在亲子关系不够好的问题。因此，改善亲子关系，往往是帮助孩子改变对电子产品依赖的第一步。

成就感也是人的基本需求之一。当孩子热衷于从游戏中寻找成就感时，就说明在现实世界中，孩子的成就感是明显缺失的。给足孩子现实世界中的成就感，是改变孩子对电子产品依赖的第二步。

网络游戏对孩子影响的第三个因素，是网络游戏提供给孩子的社交功能。网络传播的交互性可以让玩家无限制扩展自己的社交群，孩子在这里很容易找到虚假的归属感。限制孩子远离网瘾群体，引导孩子加强与同学、老师、亲友的联系，帮助孩子在现实生活中找到适合自己的群体，是让孩子摆脱电子产品依赖的第三步。

可是要做到这些太难了，因为现在人人都有一部手机，包括孩子。在地铁上、餐厅里，甚至在公园游玩时，人们心不在焉埋头看手机的场景一点也不少见，你可能有这样的感受，如果哪天出门没有带手机会魂不守舍。因为手机除了好玩，也很实用。在不知不觉中，你让电子产品侵入了自己的生活，同时也侵入了孩子的生活。

当你把电子产品交到孩子手上的时候，你的出发点很简单，就是让他安静一会儿，你可以得到一段跟友人相处的时间、做家务的时间或者其他属于自己的时间。那个时候，你并没有意识到电子产品会让孩子上瘾。等到孩子依赖电子产品时，你发现自己面临很大的挑战，当你不允许孩子玩电子产品或者要求孩子减少玩电子产品的时间时，你跟孩子之间会有权力之争，就像我们在第一现场说的那样，孩子可能会暴跳如雷、离家出走，甚至轻生。

而从另一个角度来讲，电子产品也并不是洪水猛兽，通过合理使用，让孩子掌握一些功能，对孩子的生活、学习都会带来特别大的便利。

所以，不要杜绝孩子使用电子产品，而要在帮助孩子构建生活中的代入感、成就感与社交性之后，教会孩子合理使用电子产品。

可以尝试的方法

让孩子慢慢学会从依赖电子产品到正确使用电子产品，正面管教中有一个特别有效的工具，叫作“有限的电子屏幕时间”。具体要注意以下五点。

1. 尽量让孩子将电脑放在书房或客厅等公共空间，而不是自己的房间里。

2. 就看电视、玩电子游戏、玩手机等行为，与孩子一起达成双方都能接受的协议。

3. 当孩子不愿合作时，家长要保持温和而坚定的态度，为孩子划定健康界限。

4. 请家人和孩子一起，用头脑风暴的方式找到有趣的替代活动，建立亲密互动的特别时光。

5. 家长以身作则。

有位妈妈说，孩子每天晚上都有固定的看动画片时间，一集是5分钟左右，他们约定每次最多不超过4集。刚开始，看完4集后妈妈关掉电视，孩子会使劲哭闹、跳脚，跟妈妈大声闹："不要关，我还要看，我还要看。"妈妈每次都会蹲下来抱着孩子说："宝贝，没看够啊，要是能一直看就好了，真可惜，到睡觉时间了。"孩子慢慢会平静下来，要求妈妈抱抱，天天如此，几乎成为仪式。

其实孩子有时候哭闹，表示没看够，并不一定要你去满足他继续看的愿望，他需要的是情绪被照顾到，感受被感知到，孩子是有能力承受愿望不能总是被满足这样的事情的，他承受不了的是，当他的愿望不被满足时家长对他的责备。

在使用"有限的电子屏幕时间"这个工具时，如果孩子用各种形式反抗，你需要态度温和而坚定地坚持原则，并允许孩子有自己的感受，同时你还需要留意下面三个小细节。

1. 限制时间，而不是完全杜绝孩子接触电子产品。要和孩子一起花时间制订限制屏幕时间的计划。

2. 限制屏幕时间的最佳方式之一，是安排大量免于使用屏幕的其他活动。

3. 自己要以身作则，让孩子通过模仿来学习。

预防问题的发生

1. 开家庭会议，就这个问题，全家展开头脑风暴。

2. 平常有意识地留意一些亲子活动，比如下围棋、打羽毛球、玩打闹游戏等，把孩子的生活丰富起来，孩子就会离网络远一些。

3. 给孩子特别时光，避免孩子因为不被关注而沉迷网络。

孩子能够学到什么？

1. 学会控制自己的欲望。

2. 发展更亲密的亲子关系。

第四章

自悟自省力，让孩子受益一生

4.1

孩子犯错没关系，关键要看我们的应对方式

当孩子犯错后，传统的管教方式一般是父母找到问题发生的原因，然后通过指责、惩罚或者羞辱等方式，让孩子为他所犯的错付出代价，我们认为只有这样他才会长记性。

因此，孩子无时无刻不在“犯错”，大人也无时无刻不在想尽办法让他们长记性。可是，你不妨想一想，孩子真的会因为你的批评、指责、讲道理而长记性吗？

正面管教创始人简·尼尔森博士说：“我们究竟从哪里得到这么一个荒诞的结论，认定如果想要让孩子做得好，就得先让他感觉更糟。”

想想你自己和身边的人，是不是在犯了错之后不愿意承认是自己的问题，更习惯找客观理由，为什么呢？因为你害怕被指责，被指责意味着你不够好。

孩子更是如此，犯了错之后受到大人严厉的批评与指责，

要么心里不服气，对父母产生抵触情绪，以后若再发生类似的问题，就想尽办法不让父母发现，即便隐藏得不够好被父母发现了，也打死不肯承认；要么就默默承受，然后在心里种下一颗“我不够好，我不被爱”的种子。

当然，作为父母你肯定也不愿意不断指责或惩罚孩子，只是你不知道除了通过惩罚孩子让他长记性，还有什么办法可以帮助孩子不再犯同样的错误。

第一现场·遇到挑战

小宇今年12岁，周末的时候，课外班老师给了他几套练习题，让他回家做。

因为中午要到外公外婆家吃饭，于是妈妈叫他把剩下的习题带过去做，但到了外公外婆家，他拿出来做的题根本就不是课外班老师给的题，而是学校里布置的家庭作业。

妈妈问他是不是忘了带课外班的题，他却始终不承认，最后闹得很不愉快。

小宇妈妈觉得很苦恼，因为自己最在意孩子是不是诚实，可孩子总是犯了错误不愿认错，为了掩饰自己的错误又不惜撒谎。

通常我们会这样做

- “你错了吗？我就问你，你错没错？”
- “都提醒你 100 次了，每次还犯同样的错误！”
- “下次再这个样子，别想我给你买这买那了！”

孩子在想什么

- “糟了，妈妈（或者爸爸）又生气了。”
- “不知道接下来会怎么惩罚我，唉……”
- “让他们惩罚去吧，他们发泄完怒火我就没事了。”

情绪暂停 · 理解自己并理解孩子

首先我们来回想一下，当孩子再三犯同样错误的时候，你的反应和做法是什么？

第一次你可能很有耐心地指出，第二次会有点小情绪，第三次也许尚能咬牙容忍，但超过三次，你可能就会忍不住出手了。问题来了，为什么孩子会反复地犯同一个错误？为什么他们就是没有自我反省的能力？

其实，孩子之所以不会自省，一个很容易被忽视的原因就是孩子压根儿不知道自己错在哪里。很多时候，你可能会觉得惩罚孩子的原因一目了然，孩子当时也连连点头承认错误，但那只是表象，事实上，孩子只是被你的威严震慑到了，关注点都放在了你的愤怒上，因而急于承认错误，但并没有认真反省和思考。在下次做事之前他只会考虑“做这件事我会不会挨打”，而不是“我为什么会挨打，我怎样才能避免犯同样的错误”。所以，你会发现你的孩子被教训后仍然继续做错事，如果有什么改变，那就是他变得更加谨慎，以求不被你发现。

在第一现场，小宇忘记带课外班老师布置的试题这件事情，甚至都不能算是一个错误，可孩子却仍然不肯承认，为什么呢？因为孩子内心有一个信念：妈妈是不容许我犯错的，犯错了就会被批评甚至被罚。在这样的情况下，孩子可能完全没有时间和精力去想“下次我如何避免忘记带课后作业”，而是在想“我如何才能避免挨妈妈一顿批评”。

所以，错误没有被改正，是因为孩子并不能通过妈妈的批评学会如何更好地管理自己的课后作业；更令人郁闷的是，为了跟妈妈对抗或者避免批评，孩子还可能增加一个撒谎的坏毛病。

可以尝试的方法

传统的管教方式关注的是教给孩子不要做什么，做错了受罚，但我建议爸爸妈妈在孩子做错之后，把关注点放到教给孩子要做什么，并且与孩子共同讨论怎样避免不当行为的发生上。孩子应该是整个过程的积极参与者，而不是被动接受者。

受到尊重并且尊重他人，可以给予孩子良好的体验感，让孩子不以抗拒的心态来对待错误。这就需要你把关注点转向解决问题，而非制定惩罚措施。

我们可以尝试这个办法——关注于解决问题。在使用“关注于解决问题”这个正面管教工具的时候，有三个重要的注意事项：

1. 头脑风暴，一定要让孩子参与进来，而不是你自己一言堂。

2. 选择每个人都认为可行的，而不是只有你自己同意的。

3. 如果有期限要求，就设定一个回顾期限，允许有修改和调整，而不是一锤定音。

下面用一个例子，帮助你理解“惩罚”和“关注于解决问题”的差异。

在五年级的一次班会上，老师让同学们做头脑风暴。有两名同学上课铃声响了之后仍然没有进教室，大家一起讨论用什么办法可以让这两名同学长记性。下面是学生们列出来的“惩罚”清单。

1. 让他俩把自己的名字写在黑板上。

2. 让他俩放学后留下，他们上课迟到了几分钟就留几分钟。

3. 扣除他俩明天的课间休息时间，他们迟到了几分钟就扣几分钟。

4. 取消他俩明天的课间休息。

5. 向他们吼叫，指出他们的错误。

……

然后，老师要求大家忘掉惩罚，而是想一想有什么办法可以帮助这两名同学以后准时回教室。下面是孩子们列出来的“解决方案”清单。

1. 大家一起大喊：“打铃啦！”

2. 迟到的同学可以在靠近电铃的地方玩。

3. 迟到的同学可以注意别人什么时候回教室。

4. 把电铃调得更响一些。

5. 迟到的同学可以拜托一个好朋友，提醒他们该回教室了。

6. 打铃的时候，大家可以拍拍那两个爱迟到同学的肩膀。

……

两个清单的差别是非常大的。前一个清单关注的是过去，以及让两个孩子为自己的错误付出代价。第二个清单关注的是以后，如何把错误当成学习的机会，避免下次再犯同样的错误，换句话说就是，第一个清单是用来伤人的，第二个清单是用来帮人的。

遗憾的是，大多数时候，你可能采取的都是第一个清单中的方式来对待你的孩子。比如，孩子没有按照约定时间回家，你脱口而出的可能是“为什么又这么晚回家，跟你说过多少次了，你是怎么回事？”而不是没有任何指责，只是心平气和地告诉孩子你对他晚回家这件事情感到担心，同时一起探讨采取什么措施能保证他下次按时回家。

TIPS：我确实把关注点放在解决问题上，但是孩子依然犯错，怎么办？

比如跟孩子讨论怎样避免忘记带书本，结果孩子还是会忘记。

首先，你要看到，虽然在你关注于解决问题时孩子仍然会犯错，但是孩子犯错的概率会明显减少。其次，你要放下控制孩子不犯错的执念，允许孩子犯错，让孩子自己承担自然后果！

孩子需要在不停的试错中获得成长经验，从而掌握生活技能。试错过程中他难免会遇到困难，或者把事情搞砸，而你多年养成的孩子一犯错就试图讲道理或惩罚的习惯，也不可能一下子就改变，这个时候你需要给自己时间练习。

在面对孩子犯错时，首先积极暂停。因为在不当行为发生时，无论大人还是孩子都处于情绪冲动期，很容易受“原始脑”支配，不利于平心静气解决问题。此时，积极暂停可以帮助我们冷静下来，等到能够重新连通理性大脑时，再解决问题。这一点对大人孩子同样适用，甚至很多时候，相对于孩子，大人更加需要情绪暂停，因为发火暴怒的往往是大人。

等到大人孩子都冷静下来，能够专注于解决问题时，再通过启发式提问来帮助孩子探讨各种选择可能会出现的后果，通过提问逐渐走进孩子的内心世界，帮助孩子看清自己，找到问题产生的根源和解决问题的方法。

当我们能够做到关注于解决问题，并且帮助孩子在家庭中创造这样一个氛围的时候，孩子的思维方式也会发生积极的改变，犯错误后，他不会再去试图隐瞒，而是跟家长一起总结从这个错误中学到什么，并且积极找到避免犯同样错误的方法。

预防问题的发生

1. 开家庭会议，就这个问题，全家展开头脑风暴。

2. 当孩子犯错时，积极暂停，等情绪稳定下来，再想解决的办法。

孩子能够学到什么?

1. 学会处理自己的情绪。

2. 明白犯错误是人一生中再正常不过的事情。

3. 从错误中获得经验，自我反思，避免下次再犯类似的错误比追究错误发生的原因更重要。

放松时刻

一家人来玩一个有意思的游戏吧!

规则：在客厅的左边画一条线为起步线，右边画一条线为终点线，每个人要从左边通往右边，看谁想出的通过方式最多，走、跑、跳、滚……方式不能重样。

这个游戏可以培养我们自己和孩子专注于解决问题的能力，尝试寻找到更多解决问题的办法。

4.2

学会放手，让孩子从失败走向成功

很多父母都有这样的苦恼，自己的孩子不自觉、不自律、磨蹭，做事情家长不催、不监督，孩子就不动……每天都要跟在孩子身边帮他解决各种各样的问题，提醒督促，甚至包办代替，简直就是24小时不离身全天候服务。一旦自己放手，孩子就可能变得懒散混乱，什么事情都不好好做，或者做得乱七八糟。更有甚者，孩子觉得大人给自己做的所有事情都是应该的，自己是在帮爸爸妈妈学习，帮爸爸妈妈吃饭，帮爸爸妈妈运动、练琴……

什么时候，孩子才能学会自己做事情呢？怎样做，才能培养孩子自己解决问题的能力，让孩子对自己的事情有责任感？

第一现场 · 遇到挑战

晚上快 7 点，妈妈指着时钟对轩轩说：“只有 5 分钟了，抓紧关了电视来做作业。”可轩轩却坐在沙发上一直磨蹭不起身。

趁着轩轩看电视的时间，妈妈去书房打开轩轩的书包，取出各科的文件袋，一份一份清理好后，把轩轩叫到书房，告诉他今晚的任务都有哪些，先从哪一科开始做起。轩轩皱着眉头一脸不情愿地抱怨：“这也太多了吧！我根本就写不完。”妈妈试着说服轩轩：“做一点少一点。”轩轩仍然抗拒。妈妈生气地说：“你要是不写我就不管你了，明天去学校，你们老师批评你我也不会管。”轩轩嘟着嘴说：“不管就不管，那我看电视去了。”

轩轩转身去了客厅，妈妈气急败坏地从书房追到客厅，一把关了电视，冲着轩轩吼：“作业是谁的事情？你给我赶紧到书房来写。”到书房后，面对仍然抗拒的轩轩，妈妈忍不住又开始发脾气，但轩轩一直瘫在椅子上不好好坐着，嘴里嘟囔不想写、写不完，最后妈妈实在没办法，跟轩轩说：“这样吧，你来念答案，我来帮你写。”

一个晚上下来，轩轩妈妈筋疲力尽，她说：“我总算明白为什么人家说辅导作业要做心脏支架了，我感觉我会被气到短命。我又不能真的不管，我的孩子，我太了解了，我不管他就真的不会做。”

通常我们会这样做

- “你的作业做完了吗？赶紧写作业！”
- “都 9 点了，快点上床睡觉！”
- “家务活不用你做，放下，我来。”
- “别的不用你管，把成绩搞好就可以了。”
- “没有我你连自己的书包都收拾不好。”

……

孩子在想什么

- “妈妈只是在唠叨，没有真的发脾气，再拖延一会儿吧。”
- “烦死了，总是逼着我做这做那。”

情绪暂停·理解自己并理解孩子

如果养育孩子让你感觉痛苦，十有八九是你的养育方式出了问题。在第一现场我们可以看到，轩轩和妈妈处于一种能量内耗的对抗状态，妈妈很累，孩子其实也很累。

轩轩妈妈在这个过程中被激怒，甚至气急败坏，而轩轩的应对方式是消极抵抗，最后妈妈妥协，被孩子的态度击败。

妈妈虽然心里知道作业是轩轩的事情，但是她却通过控制轩轩做作业的时间、做作业的顺序以及做作业的量等，把做作业完全变成了她自己的事情。孩子在用一种消极抵抗的方式跟妈妈寻求自己做主的权力，他用这种方式告诉妈妈——你控制不了我。

将权力放心交给孩子，并不是一件容易的事情，在面对孩子时，你一定也做过许多把孩子的事情变成自己事情的行为。你全心全意地爱孩子，却无时无刻不在轻视孩子、不信任孩子。而不信任这件事情本身，对孩子的伤害是巨大的，它会让孩子感觉到持续的挫折感，觉得自己是没有能力的。

家长容易忽视一个问题，就是孩子其实也是有能力的，他既有向好的本能，也能从自然后果中学会遵守规则。当你因为不信任而全面管束孩子时，孩子就会试图从你手中抢回属于自己的权力，就像第一现场的轩轩。而你若是能够做到真正的放权，孩子反而会给你惊喜。

被父母全身心信任着的孩子，自尊自信、愿意合作。因为他的能量不再消耗在跟父母争取更多的权力上。对家长而言也是一样，当你的能量不消耗在跟孩子的各种对抗上时，带孩子自然就变得轻松很多。

可以尝试的方法

亚伯拉罕·林肯说：“如果你选择信任，你偶尔会失望，但如果你选择不信任，你就会一直痛苦。”

我朋友的儿子爱玩一款手机游戏，家里限制就在学校玩，没收了手机就问同学借着玩。朋友说准备趁假期没收孩子的手机，不准孩子出去玩，好好帮他把游戏瘾戒了。

我说你试着让他放开了玩看看，或者你陪他玩。特别感谢朋友对我的信任，他真的陪着儿子玩了一个假期，甚至说服孩子妈妈，在孩子游戏玩得正兴奋时，推迟开饭时间。

整个假期，别的孩子忙着补习，他的孩子忙着跟爸爸一起“不务正业”。但是，在游戏过程中，他也更理解了孩子为什么喜欢这个游戏。

孩子也特别感激爸爸的付出。假期过完后，孩子突然跟爸爸说：“爸，你收走我的手机，监督我戒掉游戏吧，我要赶功课了。”他问儿子：“你不玩了吗？”儿子答：“不玩了，玩过瘾了，痛快了。”后来，他儿子仍然偶尔会玩一下游戏，但都是当着爸妈的面，会自己限制时间，据说，他儿子班上的同学都特别羡慕他有这么开明的老爸。

带着孩子玩游戏时，朋友不止一次给我打电话问：“这行得通吗？如果他要这么玩一辈子呢？”我说：“你全身心去信任他就好。”事实是，孩子自己内心也担心总玩游戏会耽误学习，也特别不想落在人后，因此，一旦他不跟游戏死磕，他的精力就立马转到学习上来了。

在孩子玩游戏的过程中，这个爸爸运用的方法，叫信任。

正面管教家长课里有个工具就叫作“信任”。

使用“信任”这个工具的时候，我们要注意这三点。

1. 不要解救、说教或修复，而是说：“我相信你能解决。”

比如在第一现场，轩轩和妈妈之间因为辅导作业产生了对抗，妈妈要做的不是告诉孩子该做什么，不这样做会有什么后果，而是告诉孩子：“你的作业，你想好怎么完成了吗？如果你想好了，就去做吧，我相信你能做好。”当然，孩子可能不做，这个时候，让他去体验自然后果，比如在学校会被老师批评等。

2. 孩子通过体验发展他们解决问题的能力和学会如何面对失望。

我们常常看到，如果一个孩子喜欢攀高爬低，家长会大声禁止，并跟孩子说：“跟你说了多少遍了，不要爬了。”如果你问家长为什么禁止孩子去做这件事情，他会告诉你：“因为我担心他的安全。”因为他不信任孩子能做到，所以禁止孩子爬高。一个信任孩子的家长，会鼓励孩子攀爬，同时保护孩子的安全。孩子在攀爬过程中，会知道自己的能力到了什么程度，什么样的难度无法挑战。

3. 认同感受：“我知道你很沮丧，我也会这样。不过我想告诉你，任何时候我都信任你。”

有个父亲曾经讲过这么一件事情，有一天，他接到老师的电话，说班上有个学生丢钱了，嫌疑人是他儿子和另外一个小孩。当知道这个消息的时候，他内心特别震惊。但是，冷静下来后，他决定跟孩子谈谈。

他说：“今天老师打电话给我了，老师和班上其他同学都认为你和 ×× 有拿同学钱的嫌疑。爸爸听后其实是很震惊的，我相信你内心一定也很难受。”孩子没说话，爸爸又说：“我想知道，你有什么想要告诉我的。”孩子说：“我没有拿那个同学的钱。”爸爸点头，继续说：“谢谢你告诉我，这个钱不是你拿的。我相信你！其实在跟你谈话前，爸爸内心的想法是，如果钱是你拿的，爸爸妈妈会陪你一起去还钱，给对方道歉，同时，爸爸也会反思自己到底哪里没有做好，导致你需要去拿同学的钱。而如果钱不是你拿的，爸爸会相信你，并陪你一起去跟老师说清楚。”孩子说：“那你去跟我们老师说清楚吧。”爸爸说：“好的，我现在就给老师打电话。”

那个爸爸说，其实选择相信孩子时，他的内心是忐忑的，因为他自己都不知道孩子到底有没有拿钱。但最后的结果证明，“孩子是不是拿钱了”这件事情已经不那么重要了，因为这件事情发生后，对家长来说最重要的是，让孩子知道不应该去拿别人的钱，且尽量让孩子不因为这件事情受到伤害。

我相信那个得到了爸爸信任的孩子，不管他是不是拿了同学的钱，从这件事情中，他学习到的一定不是“我爸默许我以后可以拿同学的钱”，而是“当我在外面受到委屈时，我的父母都会理解并接纳我。如果我犯错了，他们会跟我一起去面对错误，如果我被冤枉了，他们会相信我并帮助我。”这件事情本身不愉快，但是父亲的应对方式，让他感受到的却是来自世界的善意。如果以后遇到同样的事情，他的内心会变得强大。甚至在以后做出很多行为之前，他会先自我审视一下自己的做法是不是妥当。

这就是信任的力量，当你对孩子表达信任时，孩子会衍生出对生活的勇气和对自己的信任。

TIPS：我让孩子玩电子游戏，信任他，可最后他竟沉迷游戏不能自拔。

这是很多父母的顾虑，认为得到信任后就能做好的是别人家的孩子，自家的孩子可没这么省心，要是不管，他就真的堕落了。

我们说放手，信任孩子，不是完全不管孩子。比如，有的孩子，你如果放开了让他玩游戏，他可以一直玩游戏，一直玩到影响身体健康和精神健康的程度。

这就到了体现父母监护人责任的时候了，父母需要根据孩子本身特点给予适当引导。尊重孩子的需求，也要表明自己的态度，并给他提供更多更好的选择。比如，多陪伴孩子，多找一些电子游戏之外有意思的事情跟孩子一起做，将孩子的兴趣慢慢转移到其他活动上来。

当然还有一点非常重要，我们常说“在变得更好之前可能会变得更糟”，因为孩子的自我管理能力需要一定时间才能培养起来，当他突然得到了自主权，他很有可能会滥用。这时大人的态度就变得非常重要了，如果我们马上收回信任和给孩子的自主权，孩子可能会想：“你看，大人就是说话不算数，他们并不是真的相信我。”在这时，我们要保持持续信任，同时引导孩子形成自我管理能力。

预防问题的发生

1. 多问孩子：“你想好怎么做了吗？”而不是告诉孩子应该怎么做。

2. 跟孩子说：“你可以的，我相信你。”而不是告诉孩子：“你不行，让我来。”

孩子能够学到什么？

1. 独立自主，自己的事情自己有能力完成。
2. 有勇气有自信。
3. 学会自我反思，为自己的行为承担责任。

放松时刻

跟孩子一起做一个小游戏。手里拿一些笔，每一支都象征着权力。

情景一：

妈妈："这支笔代表着权力，我要把它给你，你想要吗？"

孩子伸手去拿："妈妈我想要。"

妈妈收回笔："你还太小了，妈妈觉得还是等你再长大一点吧。"

妈妈："这支笔代表着权力，我要把它给你，你想要吗？"

孩子伸手去拿："妈妈我想要。"

妈妈收回笔："算了吧，你会把这件事办砸的。"

妈妈:“这支笔代表着权力，我要把它给你，你想要吗？”

孩子伸手去拿：“妈妈我想要。”

妈妈收回笔:“不行不行，我觉得你还是不可以得到它。”

如此数次，询问孩子的感受并记录下来。

情景二：

妈妈:“这支笔代表着权力，我要把它给你，你想要吗？”

孩子伸手去拿：“妈妈我想要。”

妈妈：“好，我相信你能做好。”

妈妈:“这支笔代表着权力，我要把它给你，你想要吗？”

孩子继续拿：“妈妈我想要。”

妈妈：“放心去做吧，即使这件事情办砸了也没关系。如果你需要妈妈，随时可以来找我。”

妈妈:“这支笔代表着权力，我要把它给你，你想要吗？”

孩子伸手去拿：“妈妈我想要。”

妈妈：“好，不管结果怎样，我都爱你。”

同样数次，询问孩子的感受并记录下来。

4.3

当孩子被欺负，比起打回去，这样做能教会孩子更多

随着孩子逐渐长大，他与其他小朋友的互动会逐渐增多，发生争执、产生肢体冲突是常有的事。或早或晚，你都会看到孩子在外面玩耍时被其他孩子推倒的场景，又或者孩子很不开心地跟你说："妈妈，我在学校被谁谁谁打了。"

那么，孩子受欺负怎么办？网上有一个小范围的问卷调查，结果超过 90% 的家长反映，自己的孩子有和小伙伴起争执或被欺负的经历；约 60% 的家长认为，如果自己的孩子受了欺负，他们会让孩子打回去，甚至有的家长表示不排除自己上手帮孩子打回去的可能；有 25% 的家长会告诉孩子打人不对，下次不要和对方玩了；另有 15% 的家长则表示不知道怎么处理。

生活中，当你的孩子跟别的孩子在一起玩耍时，你肯定

不希望自己的孩子欺负别人，但是与此同时，你一定更不希望自己的孩子被别人欺负。如果小朋友之间因为小事情起了摩擦，你应该怎么应对呢？

第一现场 · 遇到挑战

5 岁的小飞泪眼汪汪地跑回家，胳膊、脸上有几道指甲划出的血印子，一问才知道，他是被小区里一个大一点的孩子打了。因为那个孩子想抢小飞的皮球，小飞不肯放手，于是两人就厮打了起来。小飞妈妈牵着儿子的手去找对方，对方家长也在，听说事情的经过后，对方家长态度特别好，不停鞠躬、赔礼道歉，大家和气地说了一堆大道理，然后各自牵着自己的孩子回家了。表面上问题已经得到解决，但是小飞妈妈所有的火气和心疼仍然都压在心里。她担心儿子下次还会被欺负。

通常我们会这样做

- “没事，别哭了，他跟你闹着玩儿呢！”
- “真没用，为什么不还手？”
- “为什么他只欺负你，不欺负别人？”
- “下次别跟他玩了。”
- “告诉我是谁？妈妈帮你打回去。”

……

孩子在想什么

· “爸爸妈妈，我现在很受伤，我需要安慰。”
· “我想要一个拥抱。”
· “我应该怎么办？”

情绪暂停·理解自己并理解孩子

德国漫画大师埃·奥·卜劳恩在漫画《父与子》中展现了这样一个情景：两个小孩子在一起玩，不知为什么就打起来了，一个揪住对方头发，一个扯着对方衣领；接着，两个孩子脸上带着泪分别去找自己的爸爸；最后两个爸爸打成了一团，两个孩子却在旁边开心地一起玩耍。

简简单单四幅画，让人忍俊不禁，也惟妙惟肖地呈现了成人世界与孩子世界的区别。

生活中这样的场景也不少见。两个孩子吵架、生气了，各自去找自己的家长，家长说：“那就别跟他玩了。”可孩子不答应，前一秒钟还在生彼此的气，后一秒钟就又玩到一起了，倒是两边家长很可能还在气哼哼地为自己家孩子抱不平。

为什么会有这样戏剧性的结果呢？原因是，在孩子的世界里，很多时候彼此之间的玩闹并非成人理解的不可调和的矛盾，也没有成人以为的谁欺负谁的问题，他们的玩闹甚至争吵，都只是对如何与别人相处、互动的一种探索。

当孩子受到欺负的时候，不同父母的应对方式可能都不尽相同，但不管怎样应对，你担心的除了自家孩子受委屈，最重要的一定是这件事情对孩子未来的成长会不会有影响，以及孩子以后不懂得自我保护怎么办。

一般来说如果成人不急于帮孩子解决问题，而是给出空间，允许孩子用他们自己的方式来处理，那么在这样的吵闹争斗中，孩子慢慢就会找到自己与别人相处的适当距离，清晰自己与别人的边界，摸索出与人交往的恰当方式。

反之，如果作为家长的你对孩子之间的争吵过于紧张，将所有孩子间的争执一概视为不可调和的矛盾，生怕自己的孩子吃亏，那么孩子也就极有可能受家长影响，认为这个世界充满敌意，不论遇到大事小事，不管对方有没有恶意，都将自己首先放在被欺负的位置上，时时保持对别人的警惕。这样的结果是，别人很难与他相处，孩子自己也经常处在被欺负或者被冒犯的情绪里，很难心情愉快。

所以，当家长面对孩子间的争执，想为孩子出头或者帮助孩子解决问题时，第一，先问一下自己：是我感觉孩子被欺负了，还是孩子真的受到了伤害？第二，要问自己：如果我不帮他，他能自己处理吗？如果孩子被欺负的迹象并不十分确定，可以先提醒自己忍一忍，看看孩子的解决方式。

其实，人与人之间的良性互动方式，是每个人都要慢慢学习才能掌握的技能。孩子在不断摸索过程中，会渐渐形成自己的应对策略，最不好的结果是，如果他和某个小朋友一起玩，感觉实在不舒服，就会选择远离这个“欺负者”，找别的孩子玩耍，或者自己独自玩耍。重要的是，在孩子探索、尝试的过程中，家长是否给予了孩子充分的信任，让孩子有足够的机会去寻找适用于自己的方法。

作为父母，我们想保护孩子一生平安快乐，但是在孩子整个成长过程中，你不得不承认的一件事就是，你很难做到替孩子解决所有问题。所以无论是孩子被欺负，还是别的事情，你需要做的是，在保证孩子人身安全的情况下，试着引导和支持孩子，让孩子自己去解决他的事情。

可以尝试的方法

孩子之间的冲突，其实是孩子学习如何成为社会一员的过程，同时也是一次很好的学习自我保护的机会。怎样保护自己，需要你来教会他，你对每件事的处理细节和态度都在无形中教会了孩子为人处世的准则。

就像《游戏力》的作者劳伦斯·科恩所说：“没有哪一个孩子（即便是害羞或胆小的孩子）是赤手空拳地扎入同龄交往的深水中的。”在早年的亲子关系中，你已经教给了你的孩子如何成为一个社会人。

那么，当孩子受到欺负的时候，你可以用什么方式来帮助他呢？可以尝试这样的方法。

在学校里，一位7岁的小男孩被班上一个学过武术的男生欺负了，他回来跟妈妈说："我的胳膊很痛，今天同桌无缘无故打了我，我根本打不过他，我特别生气。"

妈妈上前一步，蹲下来，抱着孩子说："我看到你很生气，你能告诉我发生什么事情了吗？"

孩子说："同桌今天在桌子上画了一条线，说谁也不能超过这条线。我不小心过线了，跟他说我不是故意的，可他根本不听，直接就扭我的胳膊，还说下次我过线一次，他就打我一次。"

妈妈说："他打你后，你是怎么应对的呢？"

孩子说："我也打他了，但他是学武术的，我根本打不过他。而且最让我生气的是，明明是他不对，后来老师来了，却批评我们两个人不守班规。"

妈妈说："这确实让人生气。他打你以后，除了还手，你还能想到别的应对方式吗？"

孩子说："也许我可以跟他说打人不对，然后去告诉老师。"

妈妈说："这是一个不错的主意。妈妈也有个建议，如果你愿意的话，等爸爸下班，我们一起玩一个游戏好不好？还有，妈妈很感谢你，愿意回家告诉妈妈这件事情。"

爸爸下班的时候，和孩子做了很多假设情景下的角色扮演游戏。在各种不一样的情景中，爸爸扮演了很多欺负人的角色：有年龄相当的孩子；有身高力大，孩子明显打不过的“小霸王”等。每一次冲突过后，一家人就坐下来一起头脑风暴：如果遇到这种情况，采取什么样的应对方式最好。

例如遇到一些在争端中表现得很强势的小朋友，当对方表现出攻击性时，不要怕，也许一句“不许打人！”就能起到震慑的作用；当言语的警告无效，或者对方人多势众时，可以选择“走为上策”的方法，远离争端，保护自己不受伤害；如果对方是个“小霸王”式的孩子，常无故制造争端并且欺负别的小朋友，要学会远离他并将对方的行为告诉老师或者爸妈。孩子一次做不到时，爸爸就反复跟孩子练习，直到孩子能做到为止。

你看，当孩子受到欺负的时候，我们首先要避免关注“受欺负”这件事情，而是要把我们和孩子的关注点都调到“让孩子学会怎么办”上。

首先你要安抚孩子的情绪，这样才能跟孩子建立联结，让孩子愿意跟你讲述事情发生的原因、经过和结果，只有孩子愿意说出来，你才有机会帮助孩子分析原因，并给他相应的建议。要感谢孩子愿意跟你倾诉，让孩子知道，父母永远是他最坚实的后盾。

而角色扮演游戏，可以帮助孩子在各种情景下受到欺负时，即使父母或老师不在场，自己也可以采取合适方式保护自己。

当孩子受到欺负时，与其帮助孩子打回去或者教孩子打回去，或者将自己的心疼、气愤甚至是恨铁不成钢的情绪发泄在孩子身上，不如教会孩子解决问题的方法，以及如何避免问题再次发生。

预防问题的发生

1. 带孩子锻炼身体，让孩子有强健的体魄。看起来强壮的孩子，被欺负的概率小。

2. 教会孩子交朋友，让孩子变得合群。

3. 学会倾听孩子，当孩子遇到危险的时候，他愿意向父母求助。

孩子能够学到什么？

1. 学会解决问题的方法。

2. 觉得自己是有能力的。

3. 学会自我保护。

放松时刻

电影：《我们的世界》

我不希望孩子欺负人，也不希望孩子被人欺负。

当弟弟被小朋友欺负的时候，李善很愤怒地教训了欺负他的小朋友，结果不久弟弟又和这些小朋友一起玩了。

李善："以后不要一起玩了。"

弟弟："不，他打了我，我也打了他。"

李善："然后呢？"

弟弟："他又打了我。"

李善："你打回去了？"

弟弟："没有，我们就一起玩了。"

李善："那你怎么能甘心被打？"

弟弟："如果一直打过来、打回去，那什么时候才能一起玩啊？"

4.4

孩子通过模仿父母来学习，而不是听父母唠叨

我看过这样一幅漫画。一位拿着手机玩游戏的妈妈，膝盖上抱着一个正在用平板电脑玩游戏的女儿，这个妈妈一边玩手机一边跟旁边的另一位妈妈吐槽："这孩子一天到晚离不开平板电脑，真是烦心。"旁边的这位妈妈也一边玩手机一边看着不远处趴在沙发上玩平板电脑的自家孩子，回应一句："是啊，一天玩到晚，让他不要玩了，要保护眼睛，可是怎么说也不听。"

是的，孩子不会去听你说了什么，他只会模仿你的行为，然后做出自己的决定。

第一现场·遇到挑战

爸爸带着6岁的轩轩去逛超市，到了地下停车场兜了好几

圈都没有找到空位，轩轩爸爸心里很烦。

最后，他好不容易看到有辆车要开走，于是赶紧向前开车，准备停到那个空位上，结果就在爸爸倒车时，另一辆车乘虚而入，挤到了他前面，占了车位。

轩轩爸爸气极了，摇下车窗对着那个司机大吼，那个司机也不示弱，他们彼此都跟对方说着难听的粗话，互不相让。

轩轩爸爸终于停好车到了超市，轩轩在超市的玩具架上拿下一个玩具，这时另一个小孩子过来也想拿那个玩具。

轩轩把玩具往身后一放，冲着那个小孩就是一句粗话。小孩的妈妈赶紧拉走了自己的孩子，并扔下一句："真是没教养。"

轩轩爸爸觉得面子挂不住，就斥责儿子："你跟小朋友说话要有礼貌，怎么可以那么跟别人讲话？"儿子突然抬起头问："爸爸，能告诉我什么是 ××× 吗？"爸爸这才想到，这是刚才自己在地下车库跟那人吵架时说过的话。

通常我们会这样做

在教育引导孩子这件事情上，我们一直都在跟孩子讲道理，不停地告诉他们应该怎么做。

· "还不写作业，磨磨蹭蹭，等你写完都几点了，明天早上又起不来。"

· “天天就知道玩手机，一点学习的心思也没有，看看你那个样子，还像个学生吗？”

· “自己的书包自己不收拾，天天指望我，这个家里要是没有我呢？你怎么办？”

……

孩子在想什么

· “就知道说我，你自己每天只知道化妆、打牌，你倒是自己学习啊。”

· “我爸不也这个样子吗？你怎么不去说他？”

· “唠唠叨叨，耳朵都起茧子了。”

情绪暂停 · 理解自己并理解孩子

孩子几乎会完全地模仿父母的行为、语言、动作等，这是因为孩子是靠模仿来学习的，模仿是人类的本能。

孩子从降生第一天起，他就开始模仿你了。而学龄前儿童随着生长发育和认知能力的提升，他更是会模仿父母和周围人的各种言语和行为。

作为父母，你无法去控制环境中的其他人怎么做，但是，你可以要求自己怎么做，你所要做的是为孩子提供一个良好的模仿环境，并且做他的好榜样。因为你才是跟孩子相处时间最长的那个人，你对孩子有着最大的影响。

有一个妈妈说她 5 岁多的孩子在爷爷奶奶家住了一阵再回家后，经常跟其他人说："你快闭上你那臭嘴。"她很奇怪，孩子怎么会这样说话呢？于是她平静地问孩子："宝贝，你是从哪里学会说这句话的呢？"孩子回答："奶奶这样说的呀。爷爷讲话的时候，奶奶就跟爷爷说'你快闭上你那臭嘴'。"

妈妈尝试着引导孩子："你觉得这样说话好听吗？"孩子回答："不好听。""那下次奶奶如果这样跟爷爷说话，你会怎么跟奶奶说呢？"孩子小肚子一挺，大声说："你们两个快闭上你们那臭嘴吧，这样说话太难听啦。"

孩子就是有这样惊人的学习力，第一现场中的轩轩，他不但清晰地听到了爸爸骂人的话并准确地记了下来，而且用到了类似的场合。

所以我们常常说"育儿先育己"，因为你没法给孩子你自己没有的东西，同时，你的孩子也很难摆脱你给他的东西。

可以尝试的方法

在孩子说粗话的时候，与其责备他，要求他不要说粗话，不如给他展示怎样正确说话。

那么，像轩轩爸爸一样，错误已经犯了，要怎样纠正孩子呢？

建议爸爸跟轩轩这样解释：“这是一句脏话，爸爸不应该那么说。当时因为没有找到停车的地方，爸爸很心烦，在别人抢了停车位时，我没忍住跟人家吵了起来，这种做法是错误的。我希望下次遇到这样的事情，我可以平静地跟对方沟通，而且我也希望你在遇到这样的事情时，不要像爸爸这样做。”

及时承认错误，并给孩子示范正确的做法。

在正面管教家长课堂上，有一个很能带给人启发的活动，这个活动的名称叫作“行大于言”。

活动的流程是这样的：

1. 在做这个活动时，老师先请学生用食指和拇指做成圆圈状，也就是“OK”的手势。

2. 老师要求大家全部将目光放在老师的手势上。

3. 这个时候老师说：“请跟我一样，把圆圈放在额头上”。而实际上老师做的动作是把圆圈放在了下巴旁。

此时，底下的家长就会一脸纳闷，有的家长小声说，老师做错了，还有的家长笑嘻嘻地望着老师，什么动作也不做，而大部分家长会跟随老师将圆圈放在下巴旁。现场四分之三以上的家长都是这样做的。

通过这个游戏你会发现，孩子几乎百分之百不会听你说了什么，而是会跟着你一起“把手放在下巴旁边”。这是因为，模仿是孩子的天性，你在与孩子的相处和陪伴中，“身教”

胜于“言传”，“示范”胜于“说教”。

当然，也有少数孩子不会马上跟着你的行动将手放到下巴旁，他们会很困惑，不知道到底是该按照你说的做，还是跟着你的行动做。

就像在实际生活中，如果你一边给孩子讲“粒粒皆辛苦”，一边随手扔掉不合口味的食物；一边给孩子讲规矩，一边却争先恐后地挤车抢座；一边教导孩子要礼貌待人，一边自己粗话连篇；一边告诉孩子要爱阅读，一边自己一年到头也不看书；一边跟孩子说不要玩游戏，一边自己利用一切空余时间玩手机……

那么，不管你愿不愿意，你可能都需要接受你的孩子在这样的教育方式面前，不可能变成你希望他成为的那种人，他只会困惑、无所适从，或者学习你的样子，说一套做一套。

预防问题的发生

1. 对孩子的缺点不能容忍的时候，可以反思一下自己是不是有相同的缺点。

2. 停止唠叨、说教和提醒，做给他看就好。

孩子能够学到什么？

行大于言。正确的做法会体现在行动上。

放松时刻

公益短片:《你的所作所为影响着孩子的一切》(《Children see,Children do》)

4.5

家庭会议是用来解决问题的，不是用来批判孩子的

一个家庭，少则两人，多则六七人，想要形成一样的生活习惯、一样的处事方式太难了。

我们希望全家在一起和和美美，有问题就解决问题，当问题出现的时候，有什么办法可以既解决家庭里存在的矛盾，又能让全家人的关系更亲密呢？

第一现场 · 遇到挑战

可可今年 10 岁了，却仍然跟小时候一样喜欢乱扔东西，玩过的玩具随手一扔，衣服、鞋子脱下来直接甩在地上。

妈妈烦不胜烦，于是提议就孩子乱扔东西这件事情开一个家庭会议。

在家庭会议上，妈妈说可可都10岁了，从来没有打扫过自己的房间，爸爸也说可可玩完玩具后乱丢的习惯不好，奶奶上前说："是的，上次爷爷踩到可可丢在地上的玩具，差点摔一跤。"……

大家你一言我一语地发表自己的看法，可可一开始只是沉默地听着，到后面她生气地大声吼："你们也都是乱丢的啊，又不是只有我一个人！"接下来的会议时间，大家就开始了不停的指责与自我辩解。

通常我们会这样做

· 一边收拾一边唠叨孩子："为什么不把东西归位？"

· 一边打扫卫生一边唠叨孩子："怎么也不知道帮个忙？"

· 列举孩子的讨嫌行为，但是从不提出解决办法。

……

孩子在想什么

· "还是别开什么家庭会议了，最后还不是都在针对我。"

· "所谓家庭会议，就是批评我一顿，你们发泄完情绪就算解决问题了。"

情绪暂停·理解自己并理解孩子

面对孩子的不良生活习惯，如果你唠叨，孩子接收到的信息就是指责，被指责后，孩子会认为你觉得他做得不够好或者很不好，而他自认为做得好。孩子为了保护自己，或者对你的唠叨充耳不闻，或者将所有精力用来和你对抗，可就是不去改变自己的这个不良习惯。

第一现场的可可妈妈，原本想通过家庭会议把可可爱乱扔东西的毛病改一改，但是因为全家人集中起来指责可可，最后，不但问题没有解决，反而全家还多了一场争执。

在这个家庭会议中，父母与其说是在解决问题，不如说是在给孩子上思想教育课，或者说是在发泄自己的不满情绪。

如果我们能够在开家庭会议时明确目的，专注地去解决问题，那么我们思考的就应该是接下来的日子，可以和孩子做些什么来达到目的。

可以尝试的方法

正面管教家长课里的家庭会议，与我们传统的家庭会议不一样。日常生活中，我们遇到的很多挑战都可以在家庭会议中解决。

与传统家庭会议不同，正面管教的家庭会议，孩子是参与解决问题的，而非被操控或者批评的，一次家庭会议开完你会发现，能不能一次性解决家庭中存在的各种问题反而是次要的，在这个过程中，孩子学会的能力，以及父母和孩子之间不断加深的亲密感，才是主要的。

比如第一现场里总是把家里弄得乱七八糟的可可，在开家庭会议的时候，她可能会在致谢环节听到妈妈告诉她："谢谢你早上吃早餐前，摆好了一家人的碗筷。"爸爸跟她说："谢谢你，在爸爸下班回家的时候给爸爸拿拖鞋。"奶奶跟她说："谢谢你晚上教会奶奶使用手机。"……

这时候，那个一身缺点总是把家里弄得乱七八糟的可可不见了，她是家人眼里贴心可爱的小帮手，这会让她感觉特别好，而一个孩子只有在感觉好的时候，才会有主观意愿去做得更好。

因此，当妈妈提议头脑风暴怎样才能让家里秩序变得更整齐的时候，可可不再是那个被批判的孩子，而是一个主动跟全家人一起思考解决办法的孩子。她可能会想到在玩一些复杂的、零件多的玩具时，固定在某一个角落玩，这样就不会把东西弄得到处都是了；她还可能想到将自己的物品分类，贴上标签；又或者增加一个置物架……

家庭会议的目的是激发孩子的内在驱动力来做这件事情，而不是强迫孩子来做，那些孩子自己想出来的办法，会比你不停的说教、唠叨甚至打骂都有效。

那么，家庭会议到底要怎么开呢？一场成功的家庭会议首先要做到以下三点。

1. 确保没有其他事情让人分心。

当你们确定在某个时间开家庭会议时，全家人要放下所有正在做的事情，关掉电视、手机等，一起围坐在桌子旁或是聚集在客厅里。而且要设立时间限制，15 分钟到 30 分钟就可以，短时间更容易让大家保持一定的专注力。

2. 提前几天把会议议程贴出来。

可以提前几天把会议内容贴在全家人都能看得到的地方，门口、鞋柜上方、冰箱门上都可以。这个议程的好处是让你们全家人提前思考这些问题，想出解决方案。

3. 会议要有主持人、记录员、计时员。

即便年幼的孩子也能参与家庭会议。会议上，由大家自主认领谁来记录、计时和主持，这些工作你们全家人可以轮流做。主持人要确保每个人都有发言的机会；记录员需要记录会议的整个过程，包括每个人的发言；计时员需要提醒每个发言人在规定时间内说完自己的想法和决定。

家庭会议有三个环节。

第一个环节——致谢或称赞。

每个人要对其他家庭成员表达具体的感谢，一定要描述具体的事情，而不是泛泛地表达。比如，你可以跟孩子说："谢谢你今天早上提醒我带手机。"可以跟孩子爸爸说："谢谢你今天下班回家的时候那么用心，特意绕路去买我爱吃的栗子。"可以跟孩子奶奶说："谢谢您每天起这么早，就是为了去菜市场买最新鲜的食材，让全家人都吃得好。"……

表达感谢的时候，按照顺时针或逆时针的顺序来，而不是挑着来，目的是让每个人都感觉到平等。这个环节让每个人的付出都被看见，也让你们都学会留意生活的点滴，从原来对他人的一切付出都感觉理所当然，到看见别人的辛苦和价值。特别是对于老人家，在家里，从早到晚大大小小的事情都需要料理照顾，其辛苦程度并不亚于在外工作的人，甚至更累，而且很难量化。因此，对老人家表示感谢，会让他们有价值感和成就感，也会让小孩学会感恩。

起初开家庭会议时，家里有的成员可能不太会表达感谢，那么也可以先用称赞代替感谢，直到慢慢习惯直接对家人表达感谢。

第二个环节——议题讨论。

称赞和感谢环节结束之后，进入议题讨论环节，针对某一个家庭问题，全家人头脑风暴，一起来想解决办法。

什么是头脑风暴呢？头脑风暴最大的特点就是不批评、不赞美、不评价，照顾到每个人的情绪。当一个人说出自己的想法时，哪怕他提出的想法和建议明显是错的，也不要马上否定。只有充分感觉到情绪被照顾，每个发言人才能意识到自己被尊重，从而愿意去表达。

记录员负责把头脑风暴的所有解决办法记录下来，然后大家一起选出每个家庭成员都能接受的方式。一定要是每个人都能接受的，而不能用传统的少数服从多数的投票方式，因为投票的方式很容易凸显家庭的不和。你们要做的是在家里传达一种信任的态度——大家能共同找出对每一个人都尊重的解决方案。

要允许他人的不同想法存在，而不是为了解决问题绕着圈子让有不同意见的人听从自己的决定。比如你们开了个家庭会议讨论寒假去哪里度假，有三个人想去海南，另外一个人坚持想去哈尔滨。如果采取投票制或者其他方式，最后得出全家去海南度假的决定，要去哈尔滨的那个家庭成员就会感觉很受伤。这个时候，可以不用急于解决问题，没有关系，把这个问题留到下次会议继续讨论就好。

在开会过程中，主持人可以建议大家依次发言，轮到自己时自己才可以发言，不要去打断别人的发言。

最后一个环节——娱乐时间。

最后以一个全家人都可以参与的活动来结束，比如一起玩游戏、吃甜品等，让全家人感受到家庭的温暖和爱，获得归属感。

TIPS：我按流程开了家庭会议，可最后发现问题并没有解决。

针对一个问题，或许你们需要开几次家庭会议，甚至几次会议后，问题还没有得到解决，但这并不重要。重要的是，你和家人一次次地练习开家庭会议，慢慢地，它会成为家里的一个传统。去哪旅行、晚上吃什么、家务怎么安排等，都可以通过家庭会议来解决。

在整个会议的过程中，你们和孩子都会不断练习感恩、倾听、尊重、合作、解决问题、在友善的氛围下承担责任、从错误中学习等技能。比起解决问题本身，我相信，这才是你最想给孩子的东西。

预防问题的发生

1. 提前几天贴出会议议程。
2. 确保没有其他事情让人分心，比如电视或电话。

孩子能够学到什么？

1. 全家人互相致谢，这个环节可以帮助孩子学会感恩，而不是指责。

2. 头脑风暴时，大家都会主动想办法，这样做可以培养孩子主动思考的能力，而不是只知道一味服从。

3. 当家庭成员发言时，其他人不去评判也不打断，孩子得以学会尊重他人以及倾听。

4. 全家坐下来一起想办法解决某个问题，会帮助孩子锻炼与人合作的能力。

……

放松时刻

跟孩子一起制作致谢贴纸。

平时家人在相处的每一分钟里，只要有感谢的事情，就可以立刻记录下来，贴在冰箱上、墙壁上、笔记本里，或者任何你们愿意贴的地方。如果看到其他家庭成员忘记记录了，也可以提醒他：“你愿意把它写到致谢贴纸上吗？”

致谢贴纸上可以这样记录：“谢谢宝贝在我拖地时，主动帮我收拾地面上的凳子和书籍。”“谢谢奶奶，在看电视期间为全家人切水果。”致谢的话语，强调的不是人，而是那件细微但是动人的事情。

第五章

幸福觉察力，人生成功的重要衡量指标

5.1

充满自信的孩子，更容易感受到幸福

很多家长觉得自己家孩子不够自信。比如，人多的时候怯场，说话时害怕与对方对视，不敢表达自己的意见，不愿意跟周围人说话，害怕面对和尝试新的挑战，没有熟悉的人在场就没有安全感……

其实孩子的自信，不是天生的，与父母的养育方式息息相关。

对于孩子来说，拥有自信非常重要，自信的孩子，能把小困难和小挫折转变成学习和生活的动力，从而形成良性循环，健康成长。

那么，我们要怎样帮助孩子变得更自信呢？

第一现场·遇到挑战

星星上小学二年级。元旦期间学校举办校园艺术节演出，星星所在班表演集体朗诵，星星被老师选为领诵。这是星星第一次得到这样的机会，为了能有更好的表现，星星妈妈特意陪着闺女练了两个周末，还托几位朋友介绍了朗诵名师，帮忙指点星星。

结果，到了正式演出临上场前，星星连着去了几趟卫生间，最后干脆躲在卫生间里不肯出来。孩子毕竟是第一次上台表演，难免会因为紧张而打退堂鼓。妈妈先是想尽办法把星星从卫生间带出来，然后不停地鼓励孩子，为她加油鼓劲儿。

可是，眼看着登台时间越来越近，星星紧张得小脸儿煞白，打起了哆嗦。当看到班主任老师问另一个领诵的孩子能不能尝试独自完成领诵时，妈妈再也克制不住了，恨铁不成钢地戳着星星的脑门儿："你怎么这么没出息啊，跟你强调八百遍了，这么好的机会难得落到你头上，你要是抓不住，以后就甭想再有锻炼的机会！"

星星一听，"哇"地哭了起来："我不敢，我就是不敢，我想回家，我要回家！"妈妈又气又急，开始推搡着星星，让她站到班级队伍前面去。星星吓得拼命扭着身子不肯去，眼泪鼻涕把化好的妆都弄花掉了。老师、同学和家长们都在旁边看着，气氛很尴尬。最终，星星还是没有上台，被气呼呼的妈妈拉着提前回家了。

通常我们会这样做

· “我都讲了那么多遍了，怎么还做不对这几道题，你打游戏时候的能耐呢？”

· “考试回回考那么点儿分数，作业一晚上都写不完，以后进不了好学校你哭都没地儿哭！”

· “咱家楼上那小哥哥去美国交流学习了，你看看你，成天就知道玩！”

孩子在想什么

· “如果我做不好怎么办？”

· “如果失败了怎么办？”

· “我好害怕。”

情绪暂停·理解自己并理解孩子

孩子心智发育尚不成熟，常常根据别人尤其是父母、老师等熟悉的人的评价，来给自己定位。心理学上有个词叫“消极暗示”，我们总是贬低孩子，将孩子身上的小毛病放大、标签化，久而久之，孩子会自动往这些标签上靠拢，最后陷入自卑怪圈。

美国橄榄球联合会前主席杜根，提出了著名的“杜根定律”——自信比什么都重要。其实很多家长都知道自信非常重要，也知道否定式教育是造成孩子自卑心理的重要原因。

生活中，我们就是在这五种情形下伤害了孩子自信的。

1. 在他人面前贬低孩子，给孩子贴标签。

2. 不信任孩子，包办孩子的一切。

3. 常数落羞辱孩子，拿他和别人家的孩子做比较。

4. 父母都很强势，瞧不上孩子做的事情。

5. 家庭存在暴力行为，且不避讳孩子。

另外，还有两种隐性伤害孩子自信的情形。

1. 过度理解自信，导致物极必反。

不少父母认为，你看，《人性的弱点》都说了，“培养自信的方法就是做你害怕做的事，获取一次成功的体验”。孩子就是在完成生活中一件又一件的事情、在各种尝试和体验中，增加了对生活、对自己能力的自信。所以，对于内向不爱展现自己的孩子，就让他上台演讲唱歌，增加胆量；对于爱折腾爱运动的孩子，让他弹古筝练书法，学习静心养性；对于粗犷豪爽不仔细的孩子，让他学绣花学剪纸，锻炼细致的能力……殊不知，很多时候，当你逆着孩子的能力和愿望，非要让他去做他最害怕、不擅长、不喜欢的事情，只会加剧孩子的不自信，让他产生更大的抗拒和抵触。因为对培养孩子的自信心而言，这样的做法几乎是完美的“精准打击”。

所以，你现在应该知道，把“自信”理解为“一个人在生活的任何情境下都是自信满满，不畏惧任何挑战和挫折”，很显然是错误的。明白自己要做什么、不该做什么、什么时候做，并且不在那些对自己不重要、自己不感兴趣也不专长的事情上耗费精力时间，这才是真正的自信。

培养孩子的自信心，我们应该变“精准打击”为“定向扶持”。通过学习实践锻炼，首先达到“我知道自己能做好这件事”的自信，接下来达到“我知道自己做不好这件事，我可以缓一缓再做”的更高一级自信。

2.误解了“无条件接纳孩子”。

除了过度理解自信之外，还有一种物极必反的方式是误解了“无条件接纳孩子”。

因为心理学家认为，孩子的自信，对自己作为一个人的价值的肯定，从根本上讲来自父母无条件的爱，所以你会疑惑，自己平时就是按照无条件接纳孩子的说法去做的，经常表扬鼓励孩子，可为什么孩子还是不自信，老觉得自己不如别人呢？你要知道，一味地表扬鼓励，更多的只是自我感觉良好的“虚假接纳”，对孩子的自信发展并没有实质性帮助，反而有可能帮倒忙。

阳阳经过两年的刻苦训练，终于有资格参加学校篮球队的选拔，可惜临场发挥欠佳，错失了机会。爸爸安慰难过的阳阳："儿子你是最棒的，反正我相信你不比他们差。"爸爸用无条件赞扬的方法来鼓励孩子，想让孩子好起来，但阳阳的失落并没有得到缓解，甚至感觉更受伤害。因为阳阳觉得爸爸并没有真正理解他，看似是无条件的肯定和鼓励，实际上既虚无缥缈又不客观，反倒让阳阳更加气馁、不自信。

积极心理学家马丁·塞利格曼提出：没有任何有效的方法可以不先教孩子表现良好，而直接教孩子感觉良好的。也就是说，没有真正表现良好，孩子就不可能有发自内心的感觉良好，父母再挖空心思地夸奖也不可能改变这个现实。因此，虚假的感觉良好只会造成孩子虚假的自信，导致孩子过分乐观。而过分乐观的孩子无法正确认识自己，对现实困难估量不足，在遇到真正的挑战时往往会遭遇挫败，从而自信心更受打击。

总之，在帮助孩子形成自信的时候，你要明确地把孩子的行为和孩子个人区分看待。也就是说，无论孩子的行为和结果如何，你都应该一直关爱、呵护、鼓励孩子这个"人"，更重视孩子做事时的内心感受。让孩子知道你会尊重他的性格爱好，不勉强他做不擅长、做不到的事。不管他遇到什么挫折困难，都能感受到来自父母实质性的关注和支持。

当然，无条件接纳孩子不等于无条件纵容孩子的不良行为，你接纳的是孩子这个“人”，而不是孩子的不良“行为”，当孩子出现不好的行为时，必须要加以纠正引导。

可以尝试的方法

自信是可以培养的。下面介绍七种可以增强孩子自信心的方法，不仅有效，还很有趣！你可以陪孩子一起多多尝试。

1. 每位家庭成员制作“我爱自己”的海报。

每位家庭成员各取一张大白纸，可以写、画和粘贴照片，使用各种工具来表现海报主题——“我爱自己”。通过海报展现各自的性格特点、才能爱好、朋友同事、学校单位、日常生活、喜悦烦恼等。我们都有优缺点，要试着接纳自己的不完美，也接纳别人的不完美。

2. 共同合作，完成“优点手掌”。

每位家庭成员依然各取一张白纸，把自己的手画在白纸上。轮到某位成员时，大家分别说出这位成员的优点，然后把这些优点记录在该成员的手掌画上。争取把手掌和每个手指都写满，大家可以互相欣赏对方的优点，并回忆快乐往事。通过这样的互动，你会不断得到孩子的积极反馈，这对于自信心的培养有非常好的促进作用。

3. 玩游戏，“我们是出色的家庭”。

家庭成员围成一个圈，轮到哪位成员时，该成员就要说出“我们是出色的家庭，因为……”争取每位成员的答案都不一样，答案越多越不同越好。这样既可以让孩子欣赏已经存在的美好事物，也会锻炼孩子学习从更多角度欣赏别人、欣赏自己的能力，增加了家庭凝聚力，同时提高了孩子和大人的自信心。

4. 设置烦恼“树洞”。

我们当然不可能每天都是快快乐乐的，总会有烦恼和难过。在家庭一角设置个专门的“树洞”，家庭成员有不高兴的情绪时，都可以对着“树洞”倾诉自己的遭遇和心情。还可以让孩子在一张纸上写下他所有的烦恼，包括消极情绪，然后在孩子有需求的情况下，陪孩子一起讨论，引导孩子找到应对和解决的办法后，再把写有烦恼的纸丢进“树洞”。通过这种方式，可以让孩子认清和了解情绪，认识每个人的不容易，学会面对和处理自己的困扰。这个“烦恼树洞”也可以和我们前面学习过的“情绪暂停角”结合使用。

5. 记录“成功日记”。

“成功日记”，是《小狗钱钱》这本书中介绍的方法。用笔记本记录每天或每周做的成功或满意的几件事情。在开家庭会议时，可以拿出来与大家一起分享。坚持一段时间后，每个人尤其是孩子，就可以从中看到自己每天或某阶段的变化与进步，这些也能够很好地增强自信。

6. 全家总动员，一起写《好美妙家庭杂志》。

写《好美妙家庭杂志》活动，可以不定期举办，重点在于全家总动员。每位家庭成员写出自己一周或半个月或一个月内，遇到的、看到的温暖开心积极向上的事。我们总是淹没在郁闷纠结等不开心的情绪里，《好美妙家庭杂志》会帮助我们记录那些美妙难忘的时刻，比如我们前面提到过的“特别时光”。

7. 学会正确称赞孩子。

称赞一定是要有具体理由的，要向孩子讲明白孩子是因为在哪方面表现优秀而获得了称赞；要看到孩子为了进步付出的努力，以及努力过程中孩子的内心感受和变化；称赞一定要控制好度，要能够与孩子取得的成绩相匹配，不虚伪夸大；你不仅可以口头表扬孩子，还可以拥抱孩子，用肢体语言来表达赞赏。

像我们前面提到的阳阳爸爸，就可以这样鼓励阳阳：拥抱阳阳，陪他一起接受失败的事实，等情绪平缓后，一起讨论分析失败的原因，找到改进的方法，让阳阳体会到通过努力实现愿望的真实感，在表现良好中获得真实自信。

没有天生自信的孩子，孩子的成长都发生在一点一滴的生活经历中。很多时候，孩子缺少的绝不是批评、斥责和说教，而是善意的提醒、智慧的包容与切实的帮助，这样才能引导孩子对我们敞开心扉。

预防问题的发生

1. 不要在外人面前贬低孩子。
2. 不评价孩子，不给孩子贴标签。
3. 信任孩子，带着爱逐渐放手。
4. 鼓励孩子，而不是用别人家的孩子和自己的孩子做比较。
5. 给孩子创造良好的家庭环境。

孩子能够学到什么？

1. 自己很重要，自己是被重视的。
2. 爱自己，让自己快乐。

放松时刻

一个关于自信的小实验

我们先来了解一下这个生物实验。

在几个装有小白鼠的玻璃器皿之间放置一根狭长的管道，这个管道的大小只够让一只小白鼠单向通行。科学家让两只小白鼠在一个狭窄的管子里对头相遇，出于领地占领意识，两只小白鼠都要往前冲，会在管子里相互推挤。所以，必须要有一只老鼠倒退回去，退回去的老鼠往往都是在鼠群中地位低下的（小白鼠可以从各自的气味和姿态来判断地位）。于是，科学家选定其中最瘦弱且卑微的小白鼠，激活它的前额叶皮层神经细胞，这是对它进行“我是老大，我最牛”的生理暗示。

当这只小白鼠再与原来的小白鼠老大同时对头通过这根管子时，小白鼠老大照例会产生气味威胁对方退让，但这只已经被刺激过的小白鼠却丝毫不让，因为它认为自己的地位比对方高。僵持了一段时间后，原来的小白鼠老大主动退让了。此后，科学家们又重复了几次这个实验，结果都是如此，在意识到被科学家刺激过的小白鼠的强硬态度之后，原本地位很高的小白鼠反而会犹豫不决，最终选择了避让。

更让科学家们惊奇的是，当他们不再刺激这只瘦弱的小白鼠后，它也没有再回到之前的卑微状态，它此时释放出的气味和行动姿态，完全展现出一副 “我就是老大”的强硬态度。现在，它真的成了小白鼠们的老大。

实验初期，科学家施加的“自信”，让这只原来地位低下的小白鼠自认为群体老大，但最后，它的这份自信也确实让它成了真正的小白鼠领袖。

当然，这个实验显然不能全盘复制到人类社会中，但我们能从中看到自信的威力。当你选择自信的时候，事情就已经开始悄然发生变化了。

5.2

给孩子立界限，幸福源自守住边界做自己

我听到很多妈妈抱怨孩子不听自己的话，明明跟孩子约定好了的事情，孩子却不能好好遵守。比如去超市之前约定只可以选择一个玩具，但最后孩子推着一购物车玩具出来了；约定晚上 9 点之前洗漱完毕上床睡觉，可 11 点了孩子还在沙发上精神百倍地玩游戏；说好了晚饭前不吃零食，可开饭的时候，孩子已经吃掉了好几个小面包……

还有的妈妈说，比不听话更让人崩溃的是，孩子不听自己的话却总是很听爸爸的话。你苦口婆心跟孩子讲大道理，“要早点睡觉，这样才能长个子，第二天上课才不会打瞌睡”，孩子根本不领情，而孩子爸爸只需要转过头沉默地看着孩子，孩子就立刻洗漱睡觉去了。

为什么呢？你是不是也遇到过这样的困扰？

第一现场·遇到挑战

威子念小学二年级，妈妈抱怨孩子每天都让她打电话问老师作业，问他原因，他就说："老师布置作业时写在黑板上，我还没来得及抄，他就把板书擦掉了。"

一天晚上跟老师打电话问完作业，妈妈跟威子说："从明天开始，妈妈不会再帮你问老师作业，这是你自己的事情，你自己想办法。"结果到了晚上，威子说："妈妈，我今晚不想写作业，我又忘记抄作业了。"

妈妈说："你可以借同学的抄，或者你自己打电话问老师。"威子说："我不敢打，还是你帮我打吧。"妈妈说："这有什么不敢的，不就是拨通电话问老师吗？"

威子急了，眼泪一颗一颗掉下来，小声说："妈妈，我不想做作业了。"妈妈叹口气，生气地说："下不为例，明天你一定要记得自己抄作业！"威子立刻点头说好。妈妈只好自己拨通了老师的电话。

通常我们会这样做

- "这是最后一次了。"
- "下不为例。"

……

孩子在想什么

· “妈妈会屈服的，只要我继续闹。”

情绪暂停 · 理解自己并理解孩子

孩子其实特别敏感，他能通过和你的一次次过招，来确定你是不是能够被他操控。一旦他知道你有可能后退或者让步，他就会往前更进一步。而你之所以妥协，往往因为下面四个原因。

1. 过度认同孩子的感受。你担心你的拒绝会让孩子受伤。比如你们约定了每周五是孩子的购物日，但是在周四，孩子非要买一个玩具，你拒绝了，他开始又哭又闹，你看到他的样子很痛苦，心想：反正周四买也是买，周五买也是买，那就买吧。这个时候，孩子就觉得“我随时可以废掉和妈妈的约定，只要我坚持哭闹”。

2. 为了避免冲突而忍耐。你跟孩子约定晚上 8 点上床，然后用 30 分钟的时间讲故事。但是孩子上床都 9 点了，你拒绝给孩子讲故事。这个时候孩子用不睡觉来要挟你，为了避免接下来产生更激烈的冲突，你决定忍着不快给孩子讲故事。你的行为，就会给孩子一个信念——“妈妈不敢跟我起冲突”。

3. 忽视和爆发。你总是在不适当时容忍，希望孩子不好的行为能够自动消失，却没想到孩子反而变本加厉。同时，你的愤怒也在高涨，最后就在一次大发雷霆中爆发出来。这会让孩子觉得，不管是不是约定好了的，只要他想要，他就可以坚持去要，因为他只需要忍受一次父母的失控。

4. 认为执行太消耗精力。你跟孩子约定早上由他自己穿衣服，他扣扣子很慢，你自己急着上班，这个时候，孩子哭着表示自己不要扣、不会扣，你就会很容易放弃你们的约定，选择暂时能让自己省心一点的方式。

你可能会说，虽然我没有执行，但是最起码给了孩子自由和爱。然而，自由其实是建立在规矩之上的，没有规矩的自由，会让孩子感觉不安全。

如果你立的规矩总是不能很好地执行，你与孩子发生“战争”的场景就会越来越多。而如果你能够克服眼前的困难，坚定地执行你给孩子立下的规矩，你和孩子的相处会进入良性循环。你完全不必担心执行规矩会导致孩子缺乏爱和自由。当然其中有一个重要的原则，就是在我们坚定地执行约定时，不要发生强烈的情绪冲突与暴力。

心理学家做过一个研究：如果我们让孩子在没有篱笆的空地上玩的话，这些孩子倾向于局限在这个空地的中间玩，他们不大会到边上去。但是如果我们围上围栏的话，这些孩子们就会在围栏的里面玩，玩得自由自在，玩得更有创意，因为这个篱笆会让孩子有安全感，他们明确知道在这里面的所有地方都是可以玩的。

父母给孩子立规矩，就像在空地上给孩子围篱笆，如果立了规矩总是不能执行，篱笆就形同虚设；孩子会没有安全感，而规矩如果能够被坚定地执行，这个篱笆不但不会限制孩子的自由，反而会给孩子更多的自由和安全感。

因此，孩子不但需要规矩，还需要父母坚定地执行这个规矩。

可以尝试的方法

仍然是第一现场那个案例，威子的妈妈回家后，换了一种方式对待孩子。

威子：“妈妈，今天没等我抄完作业，老师就把板书擦掉了，今晚我不想写作业。”

妈妈：“你可以借同学的抄，或者你打电话问老师，作业是什么。”

威子：“你给我们老师打电话吧。”

妈妈：“你来打。”（面带微笑，眼神坚定地看着孩子）

威子：“我不要打，妈妈你打吧。”

妈妈：“你来打，如果你需要的话，妈妈给你拨号。”

威子嘟嘴不愿意。妈妈拨通了电话，递给孩子。威子不情愿地拿过电话。

打完电话，妈妈问威子有什么感受，威子说：“你刚才非要让我打的时候，我就知道，这次我非打不可了，我感觉你今天晚上不可能帮我。妈妈你知道吗？我刚才好希望你可以发脾气，你要是发脾气，我就借机大哭一顿，这样我就可以不用写作业了。”妈妈问威子：“那妈妈非要让你自己打电话，你感觉难过吗？”威子说：“不难过，因为我知道没有讨价还价的余地了，那我去做就好了。”

在这里，威子妈妈用到的办法，是正面管教里的一个小工具——“执行”。

“执行”这个工具的要点是，如果你说出来，就是认真的，如果你是认真的，你就去执行。因为孩子知道你什么时候是认真的，什么时候不是。

果果妈妈跟果果说：“我每天晚上9点半要睡觉，如果你的作业需要我帮忙，你在9点半之前来找我，过了时间妈妈就不能帮你了。”到了10点，果果来找妈妈帮忙，妈妈只需要提醒一下果果时间。如果果果继续坚持，妈妈可以建议她第二天早上早点起来解决这个问题。但是如果果果没有定闹钟早起，妈妈不会喊她。

刚开始的时候，孩子也许会不太配合，他会用哭闹的方式不停地试探。你要有足够的耐心来面对，强调或是提醒孩子你们的约定是什么。然后，先做，而不是先说。孩子也会通过不断的练习了解到你的界限与你的坚持。

当你坚定地拒绝孩子，去执行你们的约定时，你可能会担心你的拒绝会伤害孩子。其实合理的拒绝本身并不会伤害孩子，让孩子受伤害的是你在拒绝时跟他讲的那些大道理，或者你跟他发的脾气。

因此，和善而坚定的态度，是执行时特别重要的一点。

预防问题的发生

1. 提前约定。
2. 提前告知。
3. 情绪稳定，不给孩子额外压力。

孩子能够学到什么？

1. “我可以拒绝别人，但不会伤害对方。”
2. “即使我的要求被拒绝，爸爸妈妈也是爱我的。”
3. “我是被尊重的。”
4. “我需要遵守约定，讨价还价没有用。”

放松时刻

观看视频《费利克斯》（《Felix》）

这是一个根据真实情景拍摄的德国短片。这部短片独特的地方是，由始至终没有出现大人的脸，也没有对话。但我们还是可以根据画面猜想到他们的表情。孩子的母亲看到孩子被淋果汁后，抱起孩子愤愤不平地走了。这个母亲愤愤不平的原因大概就是，我孩子小，调皮一些很正常，你怎么能和他一般见识?

小男孩用不尊重他人的方式满足自己的快乐，最终导致被别人泼果汁，如果你是孩子的妈妈，你当下的感受、想法和决定会是什么呢?

让你的孩子参与进来，如果你的孩子是被无礼对待的大人，他会有什么感受、想法和决定?

不妨把它写出来。

- 你此刻的感受：
- 你的想法：
- 你会做出什么决定：

5.3

隔代养育，多些理解少些埋怨

我朋友的妈妈年轻时特别喜欢旅游，退休后老两口照样一起旅游。然而，孙子的到来打破了老两口的生活节奏。特别是照顾儿媳月子期间，阿姨面色憔悴，手也因为每天保持同一个姿势抱孩子，患了腱鞘炎。她逢人就感叹："带个孩子真是太累了。"

我工作时接待过一个带孩子的外婆，言谈举止特别有内涵，因为带外孙，她说自己放弃了月薪 2 万多的工作。她将孩子的一切安排得井井有条，可也忧心忡忡，说担心自己的教育理念跟不上时代节奏，怕把这么聪明的孩子给耽误了。

第一现场 · 遇到挑战

一位妈妈有两个宝宝，老大欢欢 6 岁，老二乐乐 1 岁多。家里两个孩子主要由妈妈和奶奶照顾。

欢欢这几天感冒，家人担心感冒会传染给二宝，于是把两个孩子隔离在不同的房间，吃饭也是各吃各的，妈妈照顾生病的大宝，奶奶负责二宝。等欢欢吃完饭自己看绘本时，妈妈去餐厅看到奶奶正在喂乐乐吃饭。妈妈立刻阻止奶奶，要乐乐自己吃饭，奶奶很不高兴地抗议："乐乐那么小哪能自己吃饭，他自己吃得满身满脸的，吃完了我还得擦桌擦地给他洗澡换衣服，等把他弄利索了，我的饭都凉了，我也累得吃不下了。"

没办法，妈妈只好和奶奶对调，妈妈照顾二宝，奶奶照顾大宝。可是没过一会儿，妈妈又发现了新问题。等乐乐睡觉了，妈妈走到客厅，看到欢欢穿着毛衣套着厚外套，在看很少打开的电视，而奶奶在忙着拖地。妈妈赶紧关上电视，在平板电脑上调出音频让欢欢听英语故事，然后告诉奶奶在家不能给孩子穿那么多，以免捂出汗，不能看电视要保护孩子的视力，也要陪着孩子一起聊天说说她听到的内容和心里的想法。

奶奶一下子就炸了："咱家跟猪窝似的又脏又乱，不得收拾收拾啊，我擦地谁来看着欢欢，孩子不看电视就会到处乱跑，磕着碰着受了伤谁负得起责？孩子听的那英语我也不懂啊，用普通话聊天我都说不好，还有，你不就是给娃穿得太少才让她感冒的吗，咋还不长记性不改改呢？"

妈妈也崩溃了……

通常我们会这样做

· “明明孩子都已经会自己吃饭了，可是老人还非要追着喂，我真的想跟他们吵一架。”

· “天气也不冷，老人非说孩子冷，早早地就给孩子把秋裤马甲都穿上了，焐得一身汗，结果又感冒了。”

· “老人总说，我不在家的时候孩子可好带了，我一回来就惯得没样子，我真想发飙，还不是因为你对孩子爱搭不理的，孩子感觉委屈，看到妈妈才会发泄情绪啊。”

· “老人总给孩子糖吃，说了之后，她当面不给了，背后悄悄给，孩子牙齿都烂掉了。”

……

孩子在想什么

· “为什么要打着爱我的名义吵架？”

· “到底谁是对的？我该听谁的？”

情绪暂停 · 理解自己并理解孩子

隔代养育冲突的根源在于：我们在试着学习尊重孩子、赢得孩子，却总想赢了父母。

我们这一代人，比过往任何时候都更重视亲子教育。当孩子摔倒的时候，越来越多的父母会说：“宝宝，你自己爬起来，你可以的。”而不是去砸地板，并跟孩子说：“地板坏，害我们宝宝摔倒了。”当孩子做得好的时候，越来越多的父母会就具体细节去鼓励孩子，而不是敷衍地来一句：“你真棒！”我们教孩子自己吃饭、自己洗澡、自己穿衣服鞋子，而不是包办孩子的一切。

我们所有的转变都是源于，曾经我的父母不是这样对待我的，他们的教育方式伤害到我了，而我不想再让我的孩子受到这样的伤害。所以，当我们转变教育方式试图去赢得我们的孩子时，我们内心里是藏着对父母的不满的，我们要通过身体力行告诉父母：“我们比你们更强，我们对孩子更用心，我们赢了你们。”

我想起某一次我跟一位妈妈聊天，吐槽父母那辈的育儿方式，说到父母曾经无意给自己带来的伤害时，她甚至忍不住泪流满面。回家后我偶然跟我妈说起这件事情，我妈淡淡说了句：“当年，我对你外婆带你的方式也不满意。”那一刻，其实我被震撼到了。我们在追求自认为更好的育儿方式时，却忘记了最根本的感恩之心。苛责父母的不完美，觉得他们毁了自己，觉得他们毁了自己后又毁了孙辈。

因此，当老人过来帮忙带孙辈时，一旦出现分歧，我们首先想到的不是接纳与包容后再去解决问题，而是要反驳，要告诉他们："你是错的，而我是对的。"但其实，也许几十年后，我们的孩子也会觉得我们这时的教育方式不足够科学吧。

可以尝试的方法

虽然隔代养育的分歧是确确实实存在的，但两代父母的出发点是相同的，都是发自内心地爱孩子、想对孩子好。那么在出现冲突的时候，我们如何更有效地去解决问题呢？可以先通过感谢与老人建立情感联结，再纠正错误解决问题。

给大家分享一个关于训练孩子吃饭时，婆婆非要给孩子喂饭的问题。

第一种情况是这样的。

媳妇跟老公抱怨："你能不能去说说你妈呀？这么大孩子了还要喂，把孩子带得跟傻子一样，真烦人。"

老公敷衍："好吧，我回头说说她。"

媳妇继续抱怨："这事儿我都跟你说多少遍了，你到底说了没有啊？你妈怎么一点改变也没有？吃饭时你没看到餐桌上我那个眼神吗？我都想打人。你再不跟你妈说说这事儿，别怪我跟你妈吵架！"

这位妈妈还没跟婆婆吵架，就先跟老公吵起来了。

第二种情况是这样的。

妈妈对孩子说："宝贝，妈妈看到今天早上奶奶去买菜，妈妈在扫地，没有人喂你，你自己坐在餐桌上把小碗里的饭吃光光了。"

婆婆在场时，这位妈妈说："宝贝，你知道为什么你会自己吃饭了，但是奶奶有时候还要喂你吃饭吗？因为奶奶特别爱你，她看着你大口大口吃饭，觉得好开心。所以，我们拿着勺子大口大口吃给奶奶看好不好？"

奶奶笑眯眯地看着，并下意识地夸着："好棒！"

后来，奶奶喂饭的次数变得越来越少，有时候奶奶要喂，孩子会说，他自己来。

这两种解决问题的方法产生的效果差别显而易见，第二种情况妈妈就是用了"先建立情感联结，再纠正错误"这个方法。

生活中做个有心人，哪怕长辈教育过程中有99个不是，尽量去找到那1个是，并且及时鼓励长辈，说明他们的这1个是，会给孩子带来怎样的好处。没有人喜欢被揪着错误批评数落，长辈们更是如此，尤其是他们在为孩子付出那么多时间精力之后，更想听到你对他们的肯定。

非常重要的细节是，对老人的鼓励请放在家人面前大声说，纠正或者建议请与他们私下沟通，这是对长辈们的尊重。换句话讲，如果当着孩子的面说，不只孩子很茫然，不知道孰是孰非，长辈内心肯定也有一万个牢骚：“我不要面子的啊！”

同时，还要明确一点，在孩子的教育过程中，你是主要负责人，长辈们只是助手。我们不能自己做了甩手掌柜，又反过来指责老人没有达到我们的要求。

所以在家庭分工中，你要明确自己的职责，和老人讨论明晰各自的家庭定位，以爸爸妈妈为主，爷爷奶奶外公外婆为辅，形成合力，才能给孩子全面完整的家庭教育。

我的好朋友壮壮妈妈，在孩子上小学一年级时还每周末带着孩子到处玩。壮妈扛着来自老人们的压力坚持按照她和壮爸商定好的原则，每周末带壮壮出去玩、看演出或是参加各种活动……姥姥姥爷很着急，眼看着别人家的孩子都去上课外辅导班，壮壮却在“浪费时间”。

就这样，直到二年级结束，壮壮的学习成绩稳定地名列前茅，综合能力也有很大提升，在学习之外也取得了不少成绩。这时，姥姥姥爷才真正认识到，到底怎样才是真正对孩子好，他们终于爽快地赞同并接纳了壮壮妈妈的养育方式，并且明确表示他们只管日常生活杂事，教育和学习的事情就交由壮爸壮妈全权负责。当然他们有时也会提出自己的看法和意见，这时大家再协商解决。

隔代养育，要用具体的感谢与老人建立情感联结，用实际行动跟老人进行家庭教育分工，掌握沟通方法。这样，孩子才会成长得更阳光、更包容、更幸福。

预防问题的发生

1. 定期召开家庭会议。
2. 经常在公开场合跟长辈表达感谢。
3. 有建议，私下委婉地跟长辈提。

孩子能够学到什么？

1. 同理心。
2. 尊重长辈。
3. 爱和感恩。

放松时刻

家庭游戏：抢凳子

全家人一起玩抢凳子的游戏。玩法：假如有 6 个人参与游戏，游戏第一轮准备 5 个凳子，当有人喊“抢”时，一人坐一个凳子，没坐到凳子的人出局。

游戏第二轮，减掉一个凳子，即 5 个人抢 4 个凳子。

以此类推。

5.4

孩子的成长，最需要两样东西：时间和陪伴

在《小王子》这本书中，有这样一段话：

第二天，小王子又来了。

“你最好还是在原来的那个时间来。”狐狸说道，“比如说，你下午四点钟来，那么从三点钟起，我就开始感到幸福。时间越临近，我就越感到幸福。到了四点钟的时候，我就会坐立不安；我就会发现幸福的代价。但是，如果你随便什么时候来，我就不知道什么时候该准备好我的心情……应当有一定的仪式。”

“仪式是什么？”小王子问道。

“这也是一种早已被人忘却了的事。”狐狸说，“它就是使某一天与其他日子不同，使某一时刻与其他时刻不同。比如说，我的那些猎人就有一种仪式。他们每星期四都和村子里的姑娘们跳舞。于是，星期四就是一个美好的日子！我可以一直

散步到葡萄园去。如果猎人们什么时候都跳舞，天天又全都一样，那么我也就没有假日了。”

在有了孩子，并跟孩子之间有了我们约定的特别时光的时候，我才明白这段文字的美妙之处。

当我听到很多父母抱怨工作忙，没有时间陪孩子时，我就会忍不住跟他们提起《小王子》中的这段文字。

第一现场 · 遇到挑战

盈盈妈妈有两个孩子，大宝盈盈今年 7 岁，弟弟 5 岁多，两个孩子都由她一人照顾。

每天下班回家，除了做饭给两个孩子吃，妈妈还要给上一年级的盈盈辅导作业，要陪上幼儿园的弟弟玩耍、给他讲绘本。

每次辅导盈盈写作业，弟弟就会过来吵闹，而陪弟弟的时候，盈盈也会噘着嘴巴说不公平，抱怨妈妈给弟弟的时间总是那么多。

眼看着时间已晚，两个孩子还在争执不休，盈盈妈妈就气不打一处来，有时候她会忍着，但有时候忍不住就会冲孩子怒吼。

情绪暂停·理解自己并理解孩子

我想起绘本《让我安静五分钟》里面的故事大概是这样的。

象妈妈好忙好累，很想自己安静五分钟。可是，孩子们黏得可紧呢！一大清早，孩子正在吃早餐，看看孩子是怎么吃早餐的，这可不是让人看了会开心的一幕：倒在地上的麦片，还有同样掉在地上的小刀、勺子、杯子、书本。桌面也是一片狼藉。象妈妈多想安静地吃顿早餐啊。她拿出餐盘，把茶壶、牛奶罐、她最喜欢的茶杯、涂了橘子果酱的烤面包片儿放在餐盘上，偷偷地往门口走去。没过多久，孩子们就跟上来了……

象妈妈想去泡个舒服的澡，但是让孩子们发现了，孩子们问妈妈要去哪儿，象妈妈说去浴室，想一个人安静五分钟。可孩子们能让妈妈安静五分钟吗？

象妈妈放了一缸热水，坐进浴缸，给自己倒了一杯茶，闭上眼睛，这简直就是天堂！但孩子们并没有放过妈妈，一个一个缠了上来。象妈妈的孩子莱斯特开始吹笛子了，他把《小星星》这首曲子吹了三遍半。象妈妈这时候的心情是怎样的呢？

……

以前我给女儿读这个故事的时候，想到的是象妈妈要带着三个孩子，每个孩子都需要象妈妈的照顾，象妈妈很忙碌很辛苦。而此时此刻，我发现其实象妈妈不是无奈，她很睿智，在鸡零狗碎的生活里，尽可能地找各种机会、用各种办法照顾自己。让自己安静地吃个早餐，安静地泡个澡，或者安静地出门散散步。那些乱七八糟的厨房、湿漉漉的地板，她什么都看不见，也暂时不去看。只有从这繁杂的琐事中抽离出来，并让自己得到片刻的放松，她才能在接下来的时间里继续照顾孩子们。

如果说，宁静的 5 分钟能让象妈妈获取能量，那么，或许你的孩子每天也需要这样几分钟乃至几十分钟专属于他的特别时光。

像第一现场的盈盈妈妈一样，两个孩子都需要她的陪伴，她很苦恼，因为一个很现实的问题就是，她的时间不够用，但是所幸，比起无意义的时间花费，短时间但高质量的陪伴对孩子来说，更具有疗愈效果。

如果盈盈和妈妈之间有约定好的特别时光，当弟弟吵着要妈妈陪，妈妈却要给姐姐辅导作业时，只需要告诉孩子："宝贝，现在是我和姐姐的特别时光，你的特别时光是晚上睡觉前，如果你能安静下来，我们就能在睡前开始我们美好的半个小时。"

所以我建议父母在可能的情况下，每天都给孩子一段特别时光。理想的情况是，父母双方每天都能有一些时间与孩子待在一起。

为什么要跟孩子度过特别时光呢？由马斯洛需求层次理论可知，孩子有归属的需求。与孩子一起度过特别时光，会让孩子感到自己有归属并且是特别的，感觉到自己对爸爸妈妈的重要性。

这段特别时光可以使孩子通过错误方式获得归属感和价值感的不良行为减少。当孩子对你心存芥蒂时，特别时光更会重建你们彼此的关系。

通常我们会这样做

在孩子们无休无止缠着你，让你感觉非常焦虑时，你心里可能在想：

- “你最好给我听话点，我今天情绪不好。”
- “累死了，你能不能省点心。”

孩子在想什么

- “爸爸妈妈，陪我一会儿。”
- “爸爸妈妈，我需要你们。”

可以尝试的方法

我在前文说到的“特别时光”，其实是正面管教里一个非常实用的工具，它的使用范围非常广泛。可以是你和孩子之间的特别时光，也可以是夫妻之间的特别时光，还可以是象妈妈那样专属于自己的特别时光。

特别时光是指安排与平常不同的特别时刻，像《小王子》里说的那样，一旦确定这个时刻，这个时刻就跟其他的时刻不一样了，这是一种仪式感。特别时光有三个要点。

1. 切断电话。

这一点很重要，你可以把电话调为静音，或者放在另一个房间，又或者当电话打过来的时候，你能接起并礼貌告知对方，现在是你和孩子的特别时光，你需要等特别时光结束了再给对方回复。如果在你们的特别时光里，孩子的要求是你们一起玩游戏，但是没一会儿你的电话就响起来，那么孩子就会感觉沮丧，因为这不再是属于他一个人的特别时光。

2. 轮流选择你们一起头脑风暴出的都喜欢的活动清单中的一项。

和孩子的特别时光，就是做孩子喜欢做的事情，而不是大人认为孩子喜欢或者大人自己喜欢的事情。所以真切地了解孩子喜欢什么特别重要，这也是保持高质量特别时光的关键。除了有危险性和不尊重人的事情外，可以尝试一起做任何孩子有兴趣的事情。

在用头脑风暴讨论如何进行特别时光时，一开始不要急着去评论，等所有的想法都记下来再去考量。

如果孩子希望在这个活动时间画画，那你就不要说服孩子阅读更好。当然，如果孩子说的这项喜欢的活动，超过了约定的10—30分钟时间，或者在家里无法实现，你可以提醒孩子再想一想。

3. 特别时光安排多久合适？

一般来说，2—6岁的孩子，每天10分钟；7—12岁，每周最少30分钟；13岁以上，每月一次，做青少年特别喜欢、内心无法拒绝的事。如果孩子长大了，还可以利用周末或者工作日的某个晚上，形成一个家庭惯例，约定并坚定地执行。这样的特别时光，会让孩子感觉特别安心，使他不会觉得爸妈不爱自己而去特意打扰父母。

在使用"特别时光"这个工具时，你还需要注意以下四点：

1. 时间固定。帮助孩子建立仪式感，不会因随时发生的变化而中断，这样才能达到特别时光和谐、幸福的效果；

2. 提前告知。这样能让家里其他人配合，保证特别时光的质量；

3. 确保不受其他干扰（手机、电视等）；

4. 年龄比较小的孩子最好每天都有特别时光。告别吻，拥抱，说“我爱你”等都是很好的选择。

预防问题的发生

1. 当你陪伴孩子的时候，要确保自己是全心全意的。

2. 切断电话。

孩子能够学到什么？

1. 孩子们会感到自己与父母之间深深的爱，也学会爱别人。

2. 当孩子们通过这种积极方式获得了足够的归属感和价值感时，他们更乐意帮助他人、更乐意做贡献，并跟父母合作。

3. 孩子们学会了用快乐滋养自己、滋养他人，获得了幸福。

放松时刻

电影：《小王子》

别忘了，所有大人，都曾经是孩子。

5.5

有幽默感的孩子，更有获得幸福的能力

看过电影《当幸福来敲门》的人，都会被影片中的父亲温暖到。男主人公克里斯·加德纳事业不顺，生活潦倒，只能每天奔波于各大医院，靠卖骨密度扫描仪为生。妻子忍受不了经济上的压力离开了他，留下 5 岁的儿子克里斯托夫和他相依为命。银行账户里只剩下了 21 美元，因为没钱他们被撵出了公寓。因为极度的贫穷，他甚至去卖血。

但在整部影片中，即使生活已经如此艰难，你依然能看到爸爸跟儿子相处时的乐观和幽默，在午夜地铁里无家可归时，爸爸跟孩子说："我们通过时光机，到达古代了！"儿子立刻兴奋地配合起来，环顾左右。父子俩在"恐龙"的追杀下，逃到了一个"山洞"里，"山洞"其实是一间男厕所。

影片的最后，克里斯·加德纳凭借自己的努力终于脱颖而出，获得了股票经纪人的工作，后来还创办了自己的公司。在黑暗的现实里，克里斯·加德纳的幽默感帮助他和儿子活出了一线光亮，最后让克里斯·加德纳成功的，不是从天而降的机遇，而是在困境中仍然具有幽默感。这是一种能力，这种能力让他变得乐观又积极，他相信自己能够抓住机遇，并努力去做到。当你有面对生活的幽默感时，幸福就会来敲门。

有人说，笑是人体对危险解除的生理反应，一个真诚又幽默的人在社交中会游刃有余，也因此更容易成功。

那么，要怎样培养孩子的幽默感呢？

第一现场·遇到挑战

娜娜今年10岁，她有个3岁的弟弟叫叮当。一天下午，妈妈带着娜娜和叮当去动物园。从上车开始，娜娜就不停地捣蛋，她告诉叮当，爸爸是她一个人的，而叮当真正的爸爸其实是只猩猩。叮当已经很不开心了，娜娜却继续说，去动物园的时候狮子会咬掉他的头。她还说，动物园旁边就是监狱，如果他做错任何事，就把他关在监狱里一辈子……

看到叮当被姐姐吓得大哭，妈妈心里特别不开心，她冲娜娜大吼："烦死了，你为什么总是这样顽皮？本来打算三个人出来好好玩，你却捣蛋破坏。我不知道我为什么要带你们出来玩，每一次你都要搞一些把戏，弄得大家不高兴。"

被批评的娜娜满不在乎地说："我就是要吓唬他，你能拿我怎么样？”

情绪暂停·理解自己并理解孩子

娜娜妈妈在批评娜娜的时候，会用到很不耐烦的语气，同时强调“总是”，这种批评的方式，在你的日常生活中是不是也不少见？有时候即使对方并非总是这样做，在生气的时候，你可能也会脱口而出。但是很显然，这样的表达对孩子来说，是一种莫大的伤害。

有个朋友跟我说，她在小的时候，妈妈批评她时最爱用的一个词就是“总是”，当妈妈那样说的时候，她就会觉得自己一无是处。她成年后，跟伴侣争执时也喜欢说“你总是这样”。每次说完这句话，他们就陷入更深的争执旋涡，伴侣会说：“我怎么总是这样了？我上次就没这样……”

“总是”像一种诅咒，因为它除了以悲观的风格来批评孩子之外，最大的弊病就是不准确。比如第一现场中的娜娜，当妈妈对她说“你总是这样顽皮”，就等于将娜娜的个性一笔抹黑。“总是”代表了永久性以及不可改变，孩子接受这种批评后所得到的信息是这样的：“我是个很坏的人，妈妈希望我不是她的孩子，我总是搞坏她所做的事。她是对的，我应该离家出走，没有我她可能会比较好。”

这样的批评，会让孩子觉得自己没有价值，一个觉得自己没有价值的孩子，除了情绪化地退出之外，就是持续地做更多捣蛋的事情去证明她的价值。

正面管教创始人简·尼尔森博士说：“回想当年要孩子的原因，我迸出的第一个想法就是‘因为我想要一份充满爱和欢乐的生活’。”

简讲过一个发生在她家的故事：

就在昨天，孩子们在车库收拾玩具时又因为谁收拾了东西、谁弄乱了东西而打了起来。我冲出去的时候又忍不住地感到生气、烦躁，但随即想起了幽默感。我打开车上的收音机说：“来吧，舞会开始啦。”我们立马开始大笑、疯闹。我们把东西扔到一边玩成一团，彼此之间完全联结起来，很开心。最后，不只是打扫干净了车库，我能肯定我们还一起留下了愉快的回忆。

幽默感需要想象力，而孩子其实是生来就具有想象力和幽默感的，只要你能把自己放到孩子的角度，去跟孩子一起想象、一起玩耍，你和孩子之间的联结就建立起来了，而你们面临的问题也会迎刃而解。

比如第一现场中娜娜的妈妈，如果她能顺着娜娜的思路，在娜娜跟弟弟说“叮当的爸爸是一只大猩猩”时，就参与进来，说：“那妈妈也是一只大猩猩哟，我们大家都是大猩猩，你们是两只小猩猩。现在，小猩猩们要坐好，因为我们要去动物园找同伴啦。”这个时候，孩子一定会展开想象的翅膀，说出更多新奇好玩的事情来。

如果我们每个人都将成为一个平凡人，那么为何不先做一个有幽默感的快乐的人呢？毕竟，在我们的生活中，有幽默感的人，总是人群中最受欢迎的。

那么如何做才能培养出一个有幽默感的孩子呢？

通常我们会这样做

在生活中遇到孩子发出的挑战时，我们常常忍不住这样应对：

- “不要吵闹了。”
- “在我生气之前，把你的文具整理好。”
- “你最好在晚上 9 点之前，完成作业。”

孩子在想什么

- “妈妈为什么总是不开心？”
- “爸爸妈妈这么严肃，我真的好害怕。”
- “我感觉很不好，所以我要捣乱，让你也不舒服。”

可以尝试的方法

幽默感其实是孩子生来就具备的能力，你只需要站在孩子的角度去保护孩子的幽默感，不去破坏就可以了。

在正面管教里，有一个工具叫作“幽默感”。怎么使用“幽默感”这个工具呢？

1. 记住：欢笑，乐趣。

我们说，先建立联结，再解决问题，而欢笑和乐趣，无疑是建立联结的最好方式。

润润每次发脾气，如果其他方法不奏效，润润妈妈会假装很大力地从他肚子里拉东西，边拉边叫：“哎呀呀！生气小魔王怎么还不出来呢？看样子我还要再加把劲呀！哎呀呀！有谁可以帮帮我？”润润看着妈妈的样子，就会忍不住笑出声：“就不出来，就不出来。”

接下来，母子俩就开始欢快地玩起拔河游戏了。

2. “挠痒痒怪物来捉不收拾自己东西的小朋友了。”

将一些需要孩子参与的事情，变成有趣的游戏引导孩子去参与，在这个过程中培养孩子的个体能力。

3.孩子们打架时，轻轻地把他们叠在一起，说：“叠猪猪。”

在出现矛盾的时候不要试图用严肃的说教解决问题，而是采用游戏的方式化解孩子的情绪。

后面两个方法，其实都指向游戏力，我们在前面说过，孩子其实是特别有想象力的，这种想象力，就是一种游戏力。

我曾经在《游戏力》这本书的封底看到一段这样的话：

三个月来，儿子每次洗完澡都会光着身子钻到床底下，我们试遍了所有理解孩子的方法，但结局还是只能由爸爸把他硬拽出来。从游戏力工作营中，我找到了应对方法：儿子钻进床下后，我在床边爬来爬去：“吱吱吱，我是小老鼠，我在找奶酪。哎呀，怎么床下有一只猫啊！猫大哥，求你了，别吃我！”我边求饶边发抖，结果还是“被猫抓住了”。一阵大笑后，我和儿子各得所需。后来，我又渐渐体会到：看似简单的方法，其实背后蕴藏着对孩子更加真实、更加深刻和更加炙热的理解。

这个封底的故事来自一个参加过游戏力工作营的妈妈。而《游戏力》的作者劳伦斯·科恩，虽然已经年长，但依然可以像个孩子一样在地上毫无顾忌地打滚，和大家抱着笑成一团，这其实不仅仅是跟孩子玩游戏，实际上，它的核心是用幽默感去构建亲子情感联结，不再单纯关注孩子的行为调整，而是通过游戏这种更具幽默感的、更能被孩子倾听接纳的方式，跟随孩子的脚步，建立与孩子之间稳固的情感纽带。

Tips: 小心幽默不合适的场合。

不是所有的场合都适用幽默，比如在孩子感觉沮丧失落的时候，感到伤心的时候，不恰当的幽默会让孩子感到被嘲笑。

这个时候，你可以不用多说话，去拥抱一下孩子，一直到他感觉好起来。

细心观察你的孩子，你会发现，孩子天生就有娱乐精神，他们是最具幽默感的人。而作为成人，我们大部分都活得太严肃，心中被一个又一个目标驱使着，以至于面部表情越来越凝重，已经不会幽默了。这个时候，去跟孩子学习吧，摘下我们的面具，学学孩子的傻气，走进孩子的世界，那里有各种英雄人物、各种神奇魔法……这些远离现实世界的想象让生活变得更加有趣。去保护这份有趣，让你的孩子长成一个有幽默感的、有趣的大人吧！

预防问题的发生

1. 深呼吸，调节自己的情绪，让自己心情平静下来。

2. 站在孩子的角度，跟孩子玩到一起。

孩子能够学到什么？

1. 在游戏中，孩子更容易感受到父母的爱，这份爱会让孩子更积极乐观地看待这个世界，从而学会爱别人。

2. 孩子们学会了用快乐滋养自己、影响他人，从而热爱生活，对未来充满希望。

放松时刻

电影：《当幸福来敲门》

“你有梦想的话你就得去捍卫它。”

“那些自己没有成才的人会说你也不能成才。”

“道理很简单，打多少电话就意味着有多少机会，有多少机会就意味着有多少客户，有多少客户就意味着有多少钱。”

附录

困扰“10万+”家长的问题（Q&A）

Q1 孩子写作业不省心

注意力不集中

首先要知道，少年儿童的专注时间是男孩年龄乘以 2，女孩年龄乘以 3。

假如你的孩子今年 7 岁，男孩的专注时间是 14 分钟左右，女孩是 21 分钟左右。而到了 12 岁左右，无论性别，专注的时间有可能达到与成人一样的 25 分钟。

但是我们要记住，每个孩子都是独特的，作为家长，我们要接纳每个孩子的专注时间不同，只要孩子的专注持续时间跟这个相差不大，那就是没有问题的。不要急着给孩子贴标签，因为你的强调对孩子来说是一种压力。

其次，家庭中要排查一下，父母或者其他家人，有没有破坏孩子专注的行为。

比如，在孩子写作业的时候，家长在旁边擦地做家务；在孩子玩玩具的时候，家长一会儿问“渴不渴呀”，一会儿又说“吃个水果吧”；还有，在孩子在看书或者看电视的时候，突然叫孩子停下赶快出门……这些打断孩子思维的行为都会破坏孩子的专注。

第三，家庭中要有学习的习惯。比如爸妈都喜欢阅读，全家每天都有阅读时间，就会给孩子养成很好的阅读习惯。

一个在家很难阅读半小时的孩子，在学校里也是很难坚持学习一堂课的。

对孩子来说，行大于言，榜样的力量是很重要的。如果家长一边看电视一边玩手机，孩子看在眼里，也很难专注于一件事情。

你也可以邀请孩子跟你一起头脑风暴，引导孩子自己解决问题，比如：上课都需要做好什么，什么行为是有利于学习的，什么行为是不利于学习的。

记得不管孩子提出什么建议，都不要去否定或评判，可以建议孩子按这个去做，如果不行，我们再讨论修改；或者提醒孩子再想一想，是不是有什么地方不合适。

自律性非常差

孩子的自律能力需要家长陪伴养成，最重要的一点是，有自主权的孩子相对自律。所以爸爸妈妈在孩子的成长中要减少对孩子的控制和安排，尽量让孩子自己的事情自己决定。具体到日常自律习惯的培养上，父母要做到这几点：

1. 提前约定。比如几点开始学习，到点了是否需要妈妈提醒，用什么方式提醒比较好。等到了规定时间，提醒孩子之后，如果孩子不愿意，父母不要妥协，要和善而坚定地执行约定。用约定取代唠叨和责备。不管孩子还是成人，彼此的感受都会更好。记住，孩子一定是这个约定的积极参与者，而不只是一个被动执行者。具体可以参考本书 3.3 中日常惯例表的制订和执行方法。

2. 父母以身作则。孩子通过模仿父母的行为来学习，当父母懂得自律、遵守各种规则、生活习惯良好时，孩子更容易有样学样，模仿父母的样子成为自律和自制的人。

3. 降低对孩子的要求。当目标定得太高难以实现时，孩子会感觉不到努力的成果而自暴自弃。所以在培养孩子自律性的时候，要考虑孩子实际的年龄特点和个性特质。

不认真、马虎，学习态度不好

很多家长将孩子的错误归结为不认真、马虎，学习态度不好。

其实，孩子学习新知识后，会做不代表全能做对，犯错是学习的必经阶段。就像你学开车，即使你会了，仍然会在操作的时候不小心熄火。

换成看得见的技能，我们都能理解这个由生疏到熟悉的过程，但是换到计算、写字这些事情的时候，我们却把这样的必经过程给忘了。

当你不了解这一自然过程时，就会在这个时候埋怨孩子粗心、不认真，态度不好。然而，这只是孩子学习路上的必经阶段而已。

这个时候，孩子需要什么呢？来自妈妈的鼓励。

你可以跟他说：“还是不太熟悉，再练习一下，我相信你可以做得更好。”

总是找借口，说自己不会

孩子会通过不断找父母帮忙来找寻安全感。因为每个孩子都具备一种本能，就是要经常确认父母是否能够提供帮助，如果他发现得不到足够的帮助，他就会觉得不安全。

我们回顾孩子的成长过程，会发现一个非常有意思的现象：在自然发展过程中，孩子会先努力练习自己走，等到自己会走了，却开始粘着要妈妈抱了；吃饭也是，不会的时候偏要自己吃，会了却要妈妈喂；不会穿衣服时，自己拿着衣服尝试，学会了又要妈妈帮忙；写作业同样如此。

这都是孩子本能地在确认：如果我会，爸爸妈妈还会帮我吗？

有这样一个故事：小男孩从学校回来，跟爸爸说，作业不会写，想要爸爸帮助。爸爸回答："写作业是你自己的事情，我是不可能帮你的。"那天晚上，孩子没有完成作业。

要求孩子自己完成作业，有什么错呢？是的，这件事本身没有错，但是有一个前提，就是孩子可能真的需要帮助，而你不能让孩子觉得，爸爸妈妈不帮他。

孩子的大脑还非常不成熟，因此他对一件事情形成的认识，还处在非黑即白的阶段。

那么当孩子说自己不会时，你除了帮或不帮，还有没有更好的办法呢？还是以这个小男孩写作业为例，爸爸可以这样做——毫不犹豫地表现出愿意帮助孩子的态度，但行动上并不一定就是去帮孩子完成作业。爸爸可以说："你需要我帮你念一遍题目吗？""你需要我坐在你旁边，以便你有不懂的地方可以随时问我吗？"

就像在生活中，如果女儿对爸爸说需要爸爸帮助自己拧开一瓶水，爸爸可以说："好，我来帮你！"然后握住瓶子，让女儿来拧瓶盖。或者爸爸也可以夸张地使劲拧松一点，再让女儿试试。这样就让孩子参与了一个合作努力的过程。

长大想上好大学，但觉得写作业没用，不写也能考上好学校

首先要肯定孩子有一个非常明确的目标，那接下来实质性的问题是，我们如何能实现目标？

在这个过程中，需要你一步步引导孩子，为了顺利达成目标我们需要做什么，可以用倒推法来帮助孩子。

比如你可以跟孩子一起查下历年来这个学校的录取分数线、需要考的科目，再看看目前他的学习成绩是否达到了录取标准，如果没有的话，怎样能够赶上，还有哪些科目是需要另外再学习的。

把每一个大目标都细小化、具体化、可操作化，在这个过程中，孩子会渐渐意识到目标不是一个空洞的概念，而是可以真正实现的，这样也会促使他为了完成心中的梦想，产生内在的动力去学习。

需要注意的是，用提问题的方式来引导孩子自己该怎么做，而不是命令孩子一定要怎么做。要清楚学习的主体是孩子自己。

Q2　孩子爱乱发脾气

孩子说话带情绪，一不顺心就哭哭啼啼

当孩子有情绪时，首先要解决的不是孩子情绪的问题，而是先要修复孩子和爸爸妈妈之间的关系。

如果爸爸妈妈意识到了自己对孩子曾经造成的伤害，就需要对孩子道歉，即便是很久之前发生的事情，道歉仍然有意义，并且十分重要，道歉分四个步骤。

1. 爸爸妈妈意识到自己哪里做错了。

2. 和孩子联结，问候、拥抱、眼神注视等。

3. 描述自己那时哪些做法给孩子带来了伤害。

4. 和孩子讨论下次遇到同样的情形时我们可以怎么做。

输不起，玩游戏输了就发脾气

孩子胜负心很强，输不起，其实是孩子的心理能量不足，自我接受度不高。作为父母，我们真正担心的是，孩子不能

应对充满挑战和压力的未来社会。

当孩子不愿意面对输的结果，哭喊耍赖时，我们通常会这样安抚孩子：“没关系，下次一定能赢回来！”这种做法属于否定事实，并不能真的缓解孩子的情绪。

要帮助孩子建立稳定的自我，学会接受批评或指责，你可以这样做：

1. 允许孩子表达情绪。

2. 对孩子表现出无条件的爱。

3. 强调努力过程，而非能力和结果。

4. 给孩子做个好榜样。

5. 跟孩子谈论成功和失败。

6. 帮助孩子从失败中吸取教训。

7. 带着孩子做最坏情况的演练。

不许说他不好，只能听好话

孩子只听好话，听不得批评，你可以因势利导，循循善诱，慢慢改变孩子的认识，帮助孩子学会接受不同的意见。

1. 多鼓励，但不能滥表扬。在鼓励孩子时，高度重视感情的作用，尽量做到浓淡适度。且表扬不要过度，孩子做出值得表扬的事情，才能给予表扬。这样才能给孩子留下深刻印象。

2. 鼓励要具体，实虚结合。一些泛泛的表扬，如“你真聪明”“你真棒”虽然暂时能提高孩子的自信心，但孩子不明白自己好在哪里，为什么受表扬，且容易养成骄傲、听不得半点批评的坏习惯。所以在鼓励时要就具体事情进行描述式鼓励。

3. 批评时，语言要委婉。不要用尖锐激烈的语言进行批评，千万不能损伤孩子的自尊心。批评孩子错处时，只谈眼前做的错事，不翻旧账。

4. 批评时，增加身体接触。在批评孩子时可以搂着他的肩膀说话，或拉着他的手讲道理给他听，眼睛正视孩子。批评过后要表达对孩子的感情依旧，而不会因为他做了错事就不爱他。

在学校跟小朋友大喊大叫

首先，我们要了解清楚孩子在学校跟小朋友大喊大叫的具体情形，如果孩子是因为脾气暴躁，才在学校跟小朋友大喊大叫的话，你可以想想，家中遇到问题时，是不是有人爱用大喊大叫的方式去沟通。

科学家发现，人脑中有一种叫作镜像神经元的细胞，它最主要的功能就是模仿。而这一功能最发达的时期就是儿童时期的0—6岁，当我们对着一个刚出生不久的婴儿笑的时候，重复几次，他也会对着我们笑。而我们在开团队会议的时候，只要有一个人打哈欠，其他人就会跟着不自觉地陆陆续续打起哈欠。不论是自己做出动作，还是看到别人做出动作，镜像神经元都在活跃地工作。

这个时候，要先改变源头，这样才能让孩子的行为得到改变。

其次，家长要理解生气其实是正常的，每个人都会生气，这是每个人都有的情绪。但是生气的时候冲小朋友大喊大叫的行为不可取。

在孩子心平气和的时候跟孩子讨论：下次生气了，怎么做可以不伤害自己、不伤害他人，同时让自己心情变好。比如去卫生间洗个冷水脸，比如吃一些好吃的糖果等。

特别需要注意的是，当我们跟孩子讨论的时候，记得用“启发式提问”，让孩子自己想，尽量不要命令式地告知孩子一些方法，因为这样孩子可能并没有真正掌握解决问题的方法。

跟老师对着干，一被批评就吵

每一个问题都不是偶然出现的，而是提醒我们需要引起更多的重视。除了放下责备，心平气和地跟孩子沟通，了解事情背后的原因，然后再来寻找针对性的解决办法，你还需要做到这几点：

1. 反思一下，自己是不是有不尊重老师的言语和行为。比如无意识地抱怨老师布置作业太多，害得孩子都不能早点睡；又或者抱怨老师课余开班是故意要赚钱之类的。如果有，要及时调整。因为老师跟家长的目标都是一致的，那就是让孩子能够更好地学习。

2. 及时跟老师沟通，诚恳地寻求老师的帮助，言语上，让老师给孩子更多的鼓励；行为上，让老师帮助安排一些收发作业等工作给孩子，让孩子在班级里更有价值感和归属感。

Q3　孩子胆小

胆小认生，不愿意跟不熟悉的小朋友玩

孩子胆小应该从以下两种情况来看。

1. 孩子天性。

有的孩子天生谨慎。如果是天性，建议爸爸妈妈接纳孩子这种个体差异，不比较，不焦虑，淡定处理。因为谨慎型的孩子也是有好处的，那就是不容易出危险。

2. 教养过程中，如果父母保护太仔细，也容易导致孩子胆小。

父母的限制多了，孩子会感觉周围都是危险，自然就容易陷入胆小状态。

这样的情况，家长首先要学会解决自己的焦虑问题。在跟孩子相处时，可以慢慢引导孩子去跟小朋友玩，但是引导的时候无须刻意。

怕黑，要爸妈陪着睡

心理学家荣格表示：怕黑源自人类自我保护的本能。

孩子怕黑，是一种良好的自我保护机制。当孩子怕黑的时候，家长要做到以下几点：

1. 不要跟孩子说“别害怕，勇敢点”，要接纳孩子害怕的感受，询问孩子：“你的害怕是什么形状的？你能在你身体的哪里感觉到它，如果给你一个魔法棒，你想把这个害怕的东西变成什么？”

2. 耐心给孩子解释。孩子害怕是因为未知。孩子没有应对的方法，所以只能害怕。家长可以给孩子解释，为什么天会变黑，原理是什么，让孩子有科学的理念，并且告诉孩子，妖魔鬼怪只是故事，是人们想象出来的，并不是真的。孩子了解了这些真相，害怕的情绪就会少很多。

3. 如果孩子害怕的东西是真正存在的，那么家长应该帮助孩子解决危险，教导孩子怎么应对。

4. 家长不要在孩子的面前说吓唬孩子的话，让孩子的内心产生恐惧，变得胆小怕事，不要让孩子观看恐怖片，这些会让孩子产生不安全的情感。

5. 家长平常在孩子面前，要表现得大方淡定，而不是紧张焦虑。这样，孩子才能够从父母那里接收到勇气。

做到这些后，把孩子带到他的房间，陪孩子做一些睡前互动，比如阅读20—30分钟，让孩子眼睛闭起来听爸爸妈妈读，时间到了就让孩子安安静静躺着，直至孩子睡着，家长再自行离开孩子房间即可。

上课不敢回答问题

家长都希望孩子上课积极回答问题，因为回答问题，一是可以让孩子上课更加专心听讲，二是能够锻炼孩子的表达能力。

但是一定不要逼迫孩子去回答问题，因为每个孩子都是不一样的。可以跟孩子好好谈一谈，也可以向老师了解一下，弄清楚孩子究竟为什么不举手，不积极发言。

孩子不回答问题，原因有很多，有的觉得自己会，不答也没关系；有的是老师问的问题，自己不会，所以不举手；还有的是会回答，但是不敢回答。

你可以做这样的努力：

1. 调整自己和孩子的关系。孩子感到父母喜欢他、尊重他，态度温和，他就会感觉好，就会自信心强，就会更积极活泼。相反，如果父母对孩子训斥多，态度冷淡，孩子自然就会缺乏主动性和自信心。

2. 言传身教。比如开家长会的时候，作为家长，你可以积极举手发言；单位有活动的时候，你带头积极参与，孩子也会被感染。因为家长是孩子模仿的榜样。

3. 重视和保护孩子的自尊。经常鼓励、肯定孩子，而不是贬低、羞辱孩子。日常生活中，只要发现孩子有一点小进步，就客观地描述出来，比如“今天老师说你上课举了一次手（如果有的话）”“你今天的作业写得真的很工整”……鼓励无须夸张，客观描述你看到的孩子的行为就可以。

在家挺大方，上舞台就露怯

上舞台露怯，一是因为孩子压力太大，觉得别人都在关注自己，担心自己搞砸，很难把注意力集中在做某件事上；另一个常见原因是，技能不够熟悉。

对于压力太大的孩子，如果孩子拒绝上舞台，家长不要强迫，强迫往往会加重孩子的紧张和逆反心理。可以跟孩子说：“我看到你有点紧张，你在担心什么呢？”“没关系，如果你觉得自己还没准备好，你可以先不上台。”情绪的接纳会让孩子感觉安心，情绪稳定了，孩子才会有足够的能量去表现自己的才能。

对于技能不够熟悉的孩子，家长可以鼓励孩子在家多练习，并多多赞赏孩子，这样能够增强孩子的自信心和自我表现力。

很胆小，被欺负不知道还手

很胆小，是你对孩子的评价，不一定准确，作为父母应该仔细观察孩子不还手的情况。

一种情况是，孩子并没有觉得自己被欺负，他只是在做判断。对方比自己强，不还手，是他保护自己的方式。这个时候，不要去干涉孩子，因为你自己觉得去替孩子摆平问题的好的方式，很可能并不适合孩子。

另一种情况是，孩子被欺负，不敢还手。可以跟孩子在家做角色扮演，你可以扮演被欺负的孩子，跟孩子反复演练，当有人欺负自己的时候，不同的情况可以怎么应对。

同时，你还需要让孩子加强体育锻炼，因为强健的体魄，也可以给孩子不受欺负的底气。

Q4　与孩子之间无话可说

叛逆，要打耳洞，说不得

青春期的孩子想要做一件事情，如果他不是发自内心地打算放弃，即使父母阻止也一定会找个父母管不到的时候来做这件事情。所以，强行控制并不明智。当孩子跟家长说“别人的家长都允许，为什么偏偏你们不行”的时候，其实是在向家长要“我可以为自己做主的权力”。

如果你愿意，试着让自己放轻松，相信其实除了控制，也可以放手让孩子决定，孩子同样能得到成长。

可以这样跟孩子心平气和地聊：“你怎么看那些已经打了耳洞的孩子？”“你的同学们怎么看打了耳洞的孩子？”“如果你自己也打了耳洞，你的同学会怎么看你？”“你会怎么看自己？”

聊完这些以后，让孩子自己做决定。权力往往伴随着责任，之前孩子可能所有的精力都放在“我的爸爸妈妈不同意”这件事情上，现在他知道自己可以做主后，才开始真正思考打耳洞可能会面临哪些事情，是不是自己真正想要的。

不管做什么都戴个耳机，嫌爸妈太吵

有人说，人之所以有两只耳朵，但是只有一张嘴，就是要让我们多听、少说。孩子嫌爸妈太吵，是因为爸妈说得太多，而听得太少。

建议爸爸妈妈这样做：

1. 当孩子对你说话时，不要打断、解释、辩护、说教，或者命令孩子。

2. 不说，只听。可以问这样的问题，例如：“还有吗？”“可以说得再多一点吗？”

3. 当孩子说完后，问问他是否愿意听你说，孩子如果说愿意，你再说。

4. 分享后，引导孩子一起寻求双方都觉得可行的解决方法。

回家后就不讲话，问他什么都是沉默

聊天就是这样，当我们以探寻某件事情的细节为目的的时候，孩子能敏锐地捕捉到，并试图把那件事情藏得更深。但当心与心靠近，彼此间没有了猜忌与不信任时，孩子会更愿意说出自己心里的想法。

所以，试着放下目的，去邀请孩子跟你一起玩个游戏，看个有意思的节目，共读一本书……

当亲子之间的情感联结建立起来时，聊点什么就是顺其自然的事情了。

不懂感恩，觉得父母付出是应该的

父母付出所有，容易养出不懂感恩的孩子，因为他把一切看成天经地义，这不是孩子的错，而是父母没有给孩子练习付出的机会。如果他知道付出的辛苦，他就能体谅父母。

可以创造机会让孩子为家庭其他成员付出。

1. 让孩子参与家务，力所能及的家务会增强孩子的能力。

2. 必要时主动向孩子求助，孩子会懂得父母也是需要关心的。

3. 当孩子为我们做了什么的时候，记得说“谢谢”，身体力行给孩子做出表率。

4. 召开家庭会议，描述每个人为家庭做出的贡献，这样能让家人的付出被看见。

迷上游戏，什么办法都不管用，哪怕父母以死相逼

1. 尽量让孩子把电脑放在书房或者客厅等公共空间，而

不是自己房间里。

2. 就看电视、玩电子游戏、玩手机、发短信、上网等，和孩子达成双方都能接受的协议。

3. 当孩子不愿合作时，家长保持和善而坚定的态度，为孩子划定健康界限。

4. 请家人和孩子一起，用头脑风暴的方式，找到有趣的替代活动，让孩子知道，不玩游戏，还有更有趣的事情可以做。

5. 家长以身作则。

但最重要的还是，家长和孩子之间要有良好的亲子关系，“以死相逼”是情感绑架，只会把孩子推得离父母更远，完全无助于解决问题。

Q5 多子女家庭的冲突

大宝不懂事，越忙越添乱

当家里多了一个小宝宝的时候，如果父母把精力全部放在小宝宝身上，几乎所有的大宝都会添乱，因为他想要引起父母的关注。

如果不站在大宝的立场上，父母很容易对大宝的行为表示烦躁、不接纳，这会对大宝造成二次伤害。这个时候大宝正在面对人生危机，父母要接纳他，并帮助他学会适应。

建议父母尽可能每天给大宝一段不被打扰的特别时光，不用太长，15—20分钟即可。理想情况是，父母双方每天都能有一些时间与老大待在一起——不带小宝宝。比如晚饭后做些打闹游戏或过家家游戏，或者更晚些时候读睡前故事，也可以在小宝宝午睡的时候和他共同完成一个小项目。有时候也可以让大宝承担一些照顾小宝宝的工作，这会帮大宝建立价值感，增加两个孩子之间的亲情。

争宠，不允许有一丁点的不公平

当孩子们看起来在争夺你的爱时，建议爸爸妈妈一定要跳出认识误区。你无须去纠结在时间精力和对待孩子的方式上是不是做到了绝对的公平，因为孩子的需要是不一样的。不要总是想着给孩子一模一样的，而是要想办法通过启发式提问，找到孩子真正的需求。

当孩子抱怨“你又给妹妹买玩具了”，他想表达的，并不是“我也要一个一模一样的玩具”。我们可以试着问他：“宝贝，你有什么想要跟我说的吗？”而不是试图截住孩子的话头，告诉他：“我昨天才给你买了玩具，这么快就不记得了吗？”

当孩子抱怨：“为什么你每天晚上都陪着妹妹睡？”他想表达的，也许不是让妈妈也陪他睡，所以与其辩解“你都多大了，妹妹才多大？你小的时候我不也是每天陪着你睡吗？”不如试着问孩子“可以告诉我，你对这件事有什么不一样的看法或建议吗？”

总之，你可以通过识别并且回应孩子真实的需求，避免让两个孩子跳入比较谁多谁少的坑。

无休止地告状，吵得大人一刻也不得安宁

两个孩子告状时，最好的办法是不要介入，否则很容易卷入纷争之中，被要求当仲裁者。而且这会让孩子养成哭闹

告状的习惯，丧失了解决纷争的机会。

你可以说："我相信你们一定能想到解决问题的办法。"

当然，这并不是说父母任何时候都不宜介入。如果两个孩子已经打到不可开交，甚至危及人身安全，大人就一定要及时介入。否则就放手让孩子们自己去寻找解决问题的办法。

大的不肯让，小的只会哭

当大孩子和小孩子发生冲突的时候，切记不要用年龄大小来斥责孩子。可以尝试给孩子提问，循循善诱地引导孩子自己找到解决问题的办法。比如：

1.“发生了什么事情？你是什么感受呢？”

2.“你们可以商量一下有什么解决办法。”

3.“跟着我呼吸三下，哥哥，你可以不动手，告诉妹妹你为什么生气了吗？妹妹，我知道你现在很难过，你能说出来你希望哥哥怎么做吗？”

4.“我知道你们现在很生气，想一想可以怎么解决呢？我相信除了打架，你们可以想到更好的办法！”

趁父母不在身边，大的会惩罚小的

兄弟姐妹之间的较劲通常是公开的，矛盾的焦点一般是谁对谁错、爸爸或者妈妈更喜欢谁、谁的学习成绩更好等。

这些争执，其实都是在寻求父母的认可。

大的会惩罚小的，通常是因为大的觉得父母偏心，更喜欢小的，不认可自己。这个时候，作为父母，与其去责罚大的，不如思考一下，自己对大宝的爱，是不是传达给他了。先让老大感觉到足够的爱，他才会去爱家里新来的小成员。

你可以怎么做呢？

1. 预留出和老大单独相处的“特别时光”。

2. 经常用语言和行动表达对他的爱。

3. 邀请老大参与和弟弟妹妹的互动。

4. 鼓励他做的每一件友好的事。

5. 不去指责他偶尔的疏忽。

结语

接纳不完美的自己

当父母以后，你会发现似乎很容易就给自己贴上“不够好”的标签：职场父母觉得自己没有太多时间全身心陪伴孩子，内疚；全职父母觉得自己没法给孩子做努力上进的好榜样，内疚。还有的家长愧疚、着急以及自责之情会表现在生活的方方面面：没时间天天给孩子读故事、陪孩子练英语；没钱给孩子买学区房、报各种早教兴趣班；因为控制不住脾气，总是忍不住吼孩子……

扮演着父母角色的同时，你还是父母的孩子，妻子或丈夫、公司的员工，总有更多的人和事去分散你的时间和精力，让你没法做个理想父母。因此，不够好和遗憾总是如影随形。

追求完美要适度

我的家长课上有一位特别用心的学员——妞妞妈妈。

妞妞妈妈对育儿特别上心，在养育孩子的路上，妞妞妈妈一直充满了斗志。她说："孩子刚出生不能睡整觉的日子，只要看到孩子对我笑，我就觉得那是因为她感受到了无条件的爱，值了！有一阵子整晚整晚要抱着睡才不哭，好多天我就坐着抱她睡一整晚，第二天我看到她眼里的光，我会觉得我给了孩子足够的安全感，值了！上幼儿园我把她带在身边，即便需要一边上班一边接送，但只要跟她在一起我就甘之如饴，我觉得给她的是充足的陪伴，值了……"

妞妞妈妈时刻提醒自己要做个好妈妈，要给孩子充足的爱、满满的安全感，以及高效的亲子陪伴。她说："我认为只要依照先进的育儿理念去对待孩子，孩子就会变成如我所愿的样子。"每当学习了新的育儿方法，妞妞妈妈就会赶紧往妞妞身上套，看到成效了，妞妞妈妈就欣喜若狂，觉得自己的段位又升级了。而一旦孩子有什么表现不当的地方，妞妞妈妈就会自责，觉得是自己做得还不够好，对不起孩子。

追求做一个完美型妈妈，让妞妞妈妈患得患失，她甚至经常为了自己对孩子说的某一句不恰当的话而耿耿于怀。比如有一天，孩子背了一首诗给她听，她跟孩子说"好棒"，想起在家长课堂上老师说过用鼓励代替表扬，她对自己不过脑的表扬懊恼不已，一直在想怎样补救才能将这句话的影响降到最低。又比如一次，她在孩子做错事情时，冲孩子吼了，事后她悔得肠子都青了，抱着孩子哭着说："对不起。"她说，这次大吼可能会给孩子造成一辈子的心理阴影，她怎么可以做这么对不起孩子的事情！

觉得自己不够好，这不是件坏事，“不够好”，说明可以“更好”，说明我们都是有血有肉有责任感的家长，适度的不够好是动力，能让你对行为和目标有所觉察和调整。但你也一定要警惕，这个“度”在哪儿，如果过了，就会变成内耗。就像妞妞妈妈一样，整天让自己处于患得患失的状态。

没有一种教育方法一定会指向一个完美的结果，追求完美的家长，容易误以为只有自己做到完美了孩子的成长才能更好，如果自己没做好，孩子就会受到不可挽回的伤害。其实，孩子都有自我修复和适应能力，不至于那么脆弱。

往极端点想一想，当年我们的父母基本上没有学过怎么教育孩子，被打过被骂过被不理解过的我们不一样长大成人，并努力学习做一个更好的家长吗？如果转换一下心态，不去看自己没有做到什么，只看自己哪里做得更好了，在育儿的时候，你的心态就会变得轻松起来，而这种轻松的心态，也会让孩子成长得更轻松愉快。

接纳自己做不到的事情

有一句很戳心的话：“你这么懂事，一定是因为没人疼吧。”如果你曾经是一个缺少关爱的小孩子，你小时候，更多地选择通过懂事来迎合、讨好父母，那么有一天，你长成一个大人，成为一个家长，你最想做的就是给孩子更多的陪伴、更多的关爱，更努力地去照顾孩子的情绪。以至于你甚至忽略了自己的情绪，忽略了自己也需要照顾。还是给你讲一个我的一位学员妈妈的故事。

我女儿2岁多的时候，基本上每天晚上睡觉前都要我给她读绘本。有一天晚上，忙完一天的工作，我感觉很疲惫，就跟她说：“宝贝，妈妈需要睡觉，今天晚上不能给你讲书了。如果你想听故事，爸爸可以给你讲。”孩子哭着不依，老公在旁边笑：“她可能觉得妈妈不给她讲书，就是不爱她了。”我仿佛被点醒，跟她说：“宝贝，妈妈爱你，妈妈喂你吃饭的时候爱你，给你洗澡的时候爱你。”孩子开始接话：“帮我擦屁股的时候爱我，给我穿衣服的时候爱我。”我说：“是的，每一天的每一个时刻，我都很爱你，即使现在妈妈不能给你讲书，想要睡觉，妈妈还是很爱你。”女儿突然就接受了我的这个解释，她不再缠着我讲书。在我睡着后，她也趴在我身边睡了。我醒来时，看着小小的人儿，蜷缩成一个C字躺在我旁边，呼吸轻柔，突然就感觉到无比的幸福。

其实，爸爸妈妈是人不是神，爸爸妈妈也会累，也会有情绪，而孩子会理解你的疲惫和你的情绪，拒绝孩子的某些要求，不是不疼孩子，也不会伤害孩子。你需要注意的是，在拒绝孩子的过程中，不要带着不耐烦和抱怨，而要让孩子感受到爱。

育儿过程中，最重要的是不苛求，不苛责。

当孩子需要帮助而你做不到的时候，不妨平静地告诉他："我现在不能做这件事情，而想做另一件事情。"当孩子给你挑战，你无力应对，生气想吼时，不妨告诉自己："我就是生气了，就是忍不住，怎么着吧？"允许自己生气后，你会发现，不用刻意戒吼，你慢慢不怎么吼孩子了，因为你允许自己的情绪产生、流动，你获得了一种不需要压抑和克制的情绪平和。同时，你也要学会跟孩子爸爸或者身边的人寻求帮助。你对自己越宽容，对孩子和周围的人也会变得宽容。

接纳自己的错误

有一位个性比较容易激动的妈妈曾经在我们的家长课上分享过一个自己的体会，她说："我女儿 8 个月大时，我曾经参加过'打卡戒吼'的活动，这个活动要求坚持 21 天，目的是学会控制自己的情绪，不要跟孩子发火。如果哪天发火了，就要从头再来。"

最长的一次，她坚持了 4 天，但是第 5 天，她不但发火了，还发大火了。那天晚上，孩子一直哼哼唧唧不肯睡，而孩子爸爸在客厅打游戏，她喊了好几遍要休息了，孩子一直无动于衷，眼看着快要 12 点了，她突然就感觉一股怒火升了起来，她将孩子抱起来，往棉被上一摔，一边摇晃一边声嘶力竭地冲她吼：“你睡啊！还不睡你想干啥？”孩子看着妈妈，眼神惊恐，愣了一会儿后就开始大哭，哭声尖利，这个妈妈瞬间就崩溃了，号啕大哭，一边哭一边想着孩子的眼神自责不已。

正面管教创始人简·尼尔森博士说：“有的时候大家来参加我的工作坊或听我的演讲，他们会感到非常内疚。所以我要让大家宽心，不要害怕犯错误，要从中学习，我们会通过从错误中学习的方法来自我鼓励，以防我们自暴自弃。”

犯错不可怕，犯错后不知道怎么办才可怕。作为家长，我们可以承认有些事情让自己很生气，然后去想一想有什么方式可以发泄自己的情绪，比如深呼吸、捶沙包、出去跑两圈等，即使在生气的时候失去理智，冲孩子怒吼了，也要接纳自己的错误，告诉自己：“我是一个家长，但我首先是一个人，是人就会有情绪，如果因为我的情绪伤害了孩子，自责和悔恨解决不了任何问题，我需要考虑的是怎样修复对孩子的伤害。”

比起跟孩子发火后陷入自责内疚的泥淖中，不如去接纳那个做了错事的自己，拥抱不知所措的自己，给自己力量去寻找解决问题的办法。

一个好家长并不是一个零吼叫、不生气的家长，而是一个即使生气，也知道自己应该怎么办的家长。

接纳自己不接纳

很多父母会说："我知道不要过度追求完美，我知道要接纳自己做不到的事情，我也知道要接纳自己的错误，可是，我就是做不到啊！"

对孩子和对自己的期待不是说降就降，现实也不是说改进就能改进，有些时候，人就是会卡在那儿，该怎么办呢？那就静静地和"不接纳情绪"待一会儿，不驱赶、不逃避，笑也接受、哭也接受、挣扎也接受，允许这样的情绪在自己身体内存在、流动，告诉自己，这就是我的一部分，是我在当下所能做的最好的选择。

换句话说，就是接纳自己不接纳，爱咋咋地。这也是情绪诚实的一部分。不要通过自责惩罚自己，也不要用完美要求自己，同时要求孩子。

最后，愿我们每一个家长，内心有力量，养育有办法，用爱与尊重从容陪伴我们的孩子成长为更好的自己。

付立平

2021 年 12 月于北京